Historische Cafés in Europa

Historische Cafés in Europa

Adonis Malamos

EDITIONPANORAMA

für *Walter Vogel*

Tagträume im Kaffeehaus

Fröhlich lockendes Morgenlicht spiegelte sich auf den Glasplatten meist noch leerer Tische, erst allmählich füllten sich die Räume des Kaffeehauses. Nur ein leises Rascheln von Zeitungspapier war zu hören. Gelegentlich gab jemand eine neue Bestellung auf, mehr geraunt als gesprochen, vielleicht noch zu müde oder zu zerstreut zum lauteren Sprechen.
Die Namen der Zeitungen konnten kaum Auskunft darüber geben, in welcher Stadt sich dieses Kaffeehaus befand. Journale aus zahlreichen Städten lagen aus, aus Berlin und Budapest, auch aus Paris und Prag.
Und selbst die ersten servierten Getränke des Tages, hier eine Melange, dort ein Espresso oder Mokka, verrieten nichts über Stadt und Land, über die Gegend der Welt, in welcher der Kellner die Tasse mit dem schwarzen oder braunen, wohl duftenden Getränk und das Glas Wasser behutsam auf den runden Tisch platzierte, ohne den Gast in seiner Lektüre zu stören. Allerdings wäre die rechnerische Wahrscheinlichkeit groß, dass der Ober mit der adretten Fliege, der jetzt mit seinem leeren Tablett den Tresen ansteuerte, in einem der unzähligen Wiener Kaffeelokalitäten, einem Kaffeehaus, einem Café oder einer Konditorei seinen Dienst versah.
Dieses Kaffeehaus mit seinen hohen Jugendstilfenstern, das von der Sonne des frühen Vormittags in ein mildes Licht getaucht wurde, jedenfalls war zeitlos und es hieß „Magisches Café"; zumindest wurde es von seinen Stammgästen liebevoll so bezeichnet, oder kurz auch nur MC genannt, und längst hatte sich auch das Personal mit dem Namen angefreundet. Was dieses Lokal etwa vom „Café Prückel" in Wien unterscheidet, oder vom „Gerbeaud" in Budapest, vom „Einstein" in der Berliner Allee Unter den Linden oder vom „Café de l'Opera" auf den Ramblas in Barcelona, ist, dass sich hierher ins MC nur selten ein eiliger Durchreisender verirrte. Die Gäste des „Magischen Cafés" schienen vielmehr Zeit ohne Ende zu haben, vielleicht floss auch die Zeit hier langsamer und trügerischer als in vielen anderen Häusern heutzutage. Der Oberkellner hätte weitere Fragen womöglich beantworten können, mit zuvorkommender Stimme, doch wahrscheinlich hätte er in aller Höflichkeit nur zu sagen gewusst, dass man sich einfach setzen und bei Gelegenheit etwas bestellen möge. Ansonsten sollte man sich dem Schauen hingeben, Fragen würden sich mit der Zeit von selbst beantworten.
Und tatsächlich, bei längerem, ungezwungenem Hinsehen konnte man den Eindruck gewinnen, dass der Gast an einem Fenstertisch, der vom Ober mit „Herr Professor" angesprochen worden war, eine gewisse Ähnlichkeit mit Albert Einstein aufwies, der einst während seiner Prager Lehrtätigkeit gern das dortige „Café Louvre" aufgesucht hatte. Ob der frühstückende Professor in seinen Notizblock, neben dem Teller mit Spiegelei, gerade etwas über das Zeitparadoxon oder gar weit voraus schauend über wechselnde Dimensionen von Raum und Zeit notiert hatte? Von Minute zu Minute wuchs zumindest die Ähnlichkeit des Kritzelnden mit dem Physiker der Relativitätstheorien.

Da öffnete sich die Kaffeehaustür, ein kleines Glöckchen anstoßend, doch sogleich wurde der sanfte Glockenton von einem heftigen Wortwechsel übertönt. Zwei Männer eilten herein, lauthals miteinander auf Russisch diskutierend. Erst in der Mitte des Raums, als der Oberkellner mit flehend erhobenen Armen auf die neuen Gäste zusteuerte, mäßigten die beiden ihre Stimmen. Die Russen schienen nicht nur ihren Stammplatz zu haben, sondern auch dem Personal bekannt zu sein. Denn kaum hatten sich die beiden, nur noch im Flüsterton, doch nach wie vor erregt diskutierend, gesetzt, brachte eine junge Kellnerin ein Schachbrett und eine Schatulle mit Figuren an ihren Tisch.
„Wladimir Iljitsch", sagte der Jüngere und blinzelte schelmisch hinter seiner Nickelbrille, „heute darfst du mit Weiß attackieren."
„Rote Schachfiguren wären mir am liebsten", antwortete Lenin seinem Weggefährten Leo Trotzki.

„Aber nur ein Spielchen heute, ich muss die Tage hier in Genf nutzen, um an meiner Schrift über Erkenntnisphilosophie weiter zu arbeiten."
„Die ruhigen Vormittagsstunden im Kaffeehaus sind schließlich die angenehmsten", so Trotzki nach dem bereits zweiten Bauernopfer. „Sobald die ganze Bohème der genial verrückten Literaten und Künstler ausgeschlafen hat und hier herein bricht, ist an ruhiges Arbeiten eh kaum zu denken, nicht wahr?", sagte er zum Kellner gewandt, der die großen Kaffeetassen und die kleinen Gläser mit dem klaren Wasser neben das Schachbrett gestellt hatte.

„Na, na! Nicht so voreilig der Herr", nickte von einem der Nebentische aus ein Gast mit beinahe ebenso üppig gewellten, nach hinten gekämmten schwarzen Haaren wie Trotzki zu diesem hinüber, „mir scheint, Sie haben meine Satire über die junge Literatur nicht gelesen. Sonst würde Sie wesentlich differenzierter über das Kaffeehausleben und über die Literaten reden. Gestatten, Karl Kraus."

Albert Einstein stopfte derweil umständlich sein eselsohriges Notizheft in eine dünne braune Aktentasche, stand auf, blickte durchs bunte Jugendstilornament des Fensterglases ins irisierende Licht und sinnierte versonnen, ob einmal eine mathematische Gleichung für die eigenwillige Raumzeitkrümmung im „Magischen Café" gefunden werden könnte. Er sah in der hinteren, weniger beleuchteten Ecke des MC einen schnauzbärtigen Mann mit hell leuchtenden Augen sitzen, kannte ihn vom Sehen, ein Literat, ein Kettenraucher, der meist nur schwarzen Kaffee trank und gern lange Löcher in die Luft starrte.
Hinter seinem Kopf hing an der Wand eine Reproduktion des Gemäldes „Café du Nuit" des Malers Vincent van Gogh. In gelben, orangefarbenen, rötlichen Tönen leuchtete unter dem Sonnendach die nur noch spärlich besetzte Terrasse des südfranzösischen Nachtcafés. Die Tagträume, die noch durch die Kopfsteingasse geisterten, und die Farbmagie der Mitternacht ergossen sich aus dem schwach angestrahlten Bild an der Wand in die Umgebung des rauchenden Gastes. Im tiefblauen Nachthimmel strahlten helle Sterne, wie elfenbeinfarbene Blütensprossen eines Blumenkohls. Einstein lächelte, über den schwarzblauen Nachthimmel, über die Blumenkohlsterne, über die Lichtgeschwindigkeit im Quadrat eines Ölfarbengemäldes. Wie viele mannigfaltige Inspirationen für erhabene Kunstwerke, für betörende Gemälde und irritierende Zeichnungen, verdanken Künstler wohl der Atmosphäre eines Kaffeehauses. Dachte Einstein.

Er trat hinaus in das nun gleißende Licht, das auf den Mittag zu wanderte, während sich im MC eine Schachpartie allmählich ihrem Ende näherte. In seiner Fantasie weilte Lew Dawidowitsch Bronstein, alias Leo Trotzki, weniger beim königlichen Spiel als bei der Kunstgeschichtsstudentin Natalja Sedowa, mit der er in einem Pariser Bistro die ersten schwärmerischen Stunden verbracht hatte und von der er noch nicht ahnen konnte, dass sie ihn als seine heiß geliebte Natalja bis an sein Lebensende begleiten würde.
„Schach", sagte Wladimir Iljitsch, „und in den nächsten drei Zügen habe ich dich Matt gesetzt. Aber jetzt muss ich mich an meine Arbeit machen, über Materialismus und Empiriokritizismus."
Trotzki lächelte ergeben, stand auf, ging etwas unentschlossen auf den Tisch zu, an dem der Schriftsteller Karl Kraus saß, ein scharfzüngiger Kulturkritiker.
„Darf ich?" Kraus nickte.
„Was können Sie mir über das Kaffeehausleben und die zeitgenössische Literaturbewegung erzählen?"
Karl Kraus spöttelte: „Und wenn wir bis zu den letzten Tagen der Menschheit hier verharren und alle Liebhaber der hiesigen, betörenden Atmosphäre, von Peter Altenberg über Franz Kafka bis Stefan Zweig, just heute ins MC kämen, nicht einmal dann könnten wir Wortkünstler die ganze Seele des Kaffeehauses offenbaren." Karl Kraus winkte den Oberkellner

heran, den er mit Franz ansprach, und bestellte zwei kleine Schwarze. Dann begann er zu erzählen.

„Selbst der Charakter der Kellner hat sich in einem Kaffeehaus alten Schlages dem literarischen Leben anzupassen gewusst, sodass man meinen könnte, der Schriftstellerverband würde dort die Einstellungsgespräche führen. Der ideale Kaffeehausober vermag die Individualität eines jeden ehrbaren Gastes intuitiv an der Nasenspitze zu erkennen, ohne dass er dem Gast jemals etwas von seinen eigenen Neigungen oder gar Meinungen offenbaren würde. Wenige, wie der Franz, bringen es schließlich zur wahren Größe. Das hat Stil, wenn er einem ehemaligen Stammgast, der nach zwanzig Jahren wieder auftaucht, dieselbe Zeitung unaufgefordert in die Hand drückt, die jener einst als Jüngling bevorzugt hatte."

Trotzki lächelte verschmitzt, doch Karl Kraus fuhr unbeirrbar fort.

„Die Kaffeehauswelt ist eine Bildungsstätte ersten Ranges, wartet sie doch mit allen Utensilien für den beruflichen Bedarf eines Schriftstellers auf, also Zeitungen, Bücher, Qualm, Kaffee in allen Varianten und nicht zuletzt mit bildhübschen jungen Schauspielerinnen. Hier wird sogar auf der Toilette noch gedichtet, auch wenn Jahre vergehen können, bis die dritte Zeile einer Novelle ihre vollendete Formulierung schließlich gefunden hat. Wenn Gedankenarmut in Stimmungen schwelgen will, muss natürlich das Wienerische für die Farben herhalten. Oder aber eine ruhige Bescheidenheit des Größenwahns erfüllt das rauchgeschwängerte Literaturcafé, sobald das Erstlingswerk eines Neunzehnjährigen väterlich von einem Zwanzigjährigen gönnerhaft in höchsten Tönen gewürdigt wird. Nicht von Ungefähr gebührt dem Kaffeehaus ein Ehrenplatz in jedem literaturhistorischen Werk, wird doch hier tagsüber die Umwertung aller Werte geleistet, während in nächtlichen Kaffeehaussitzungen alle Lebensfragen über Gott und die Welt gelöst werden. So durchlaufen auch sämtliche literarische Strömungen von Bedeutung die Kaffeehäuser und werden gleichzeitig von ihnen geprägt. Das schöngeistige Epigonentum, der Naturalismus, der Realismus, der Symbolismus und so fort, auch Stilrichtungen wie Degeneration, Dekadenz, vollendete Unbegabung und so weiter, alles hochgradig wichtige Strömungen, vorgegeben von Eingebildeten, nachgeäfft von Ungebildeten, unterbrochen lediglich von Strömen von la Fée Verte, dem wohlduftenden grünen Absinth."

Trotzki hob die Hand, worauf Franz sogleich zur Stelle war, um die neue Bestellung aufzunehmen. Karl Kraus setzte zu seinem Schlussplädoyer an.

„Auch wenn manche Kellner der Ansicht sind, das Kaffeehaus sei nicht allein zum Anregungholen da, stört diese stille, flehentliche Ermahnung einen wahren Künstler nicht. Er muss schließlich ausschließlich Geistiges konsumieren, aufgesogen in den ewigen Kaffeehaussitzungen, es sei denn, er kann am Glas oder an der Mokkatasse des Nachbarn nippen und von dessen Zigaretten schnorren. Dieser sensible Typus des schnorrenden Kaffeehausliteraten, der zuvor als Maler schon seine vollendete Unbegabung bewiesen hatte, muss sich in den heftigen Diskussionen nun eine wahre Grundlage allumfassender Bildungslosigkeit aneignen, um aller Welt beweisen zu können, dass man auch als Schriftsteller nicht schreiben können müsse."

Karl Kraus hielt inne, schlürfte an seinem Absinth, sah tief in die Augen seines Nachbarn, der sich beim Lachen die Nickelbrille festhalten musste, damit sie nicht von seiner Nase gleite.

Und er fuhr fort: „Ich wollte umreißen, in welche Abgründe unsere junge Literatur eine Schließung des Kaffeehauses Griensteidl führen könnte. Apropos, ausführlich nachlesen können Sie meine Ausführungen in meiner Schrift ‚Die demolirte Literatur'. Doch genug der Boshaftigkeit, natürlich gibt es weit mehr als Spott und Hohn über die literarische Kaffeehauskultur zu sagen. Die vielschichtige Literaturbewegung, die ist doch wie der Fackelzug einer permanenten Revolution."

Trotzki dankte und meinte, dass ihn bei aller Erheiterung gerade die letzten Worte besonders angesprochen hätten. Und er wolle sich zurück-

ziehen, um über die permanente Revolution ernsthafte Gedanken zu notieren. Karl Kraus spöttelte, die Geschichte werde entscheiden, ob letzte oder vorletzte Worte länger überdauerten. Er würde sich jetzt ebenfalls an die Schreibarbeit machen, und zwar für die nächste Publikation seiner Zeitschrift „Die Fackel“, deren etliche frühere Ausgaben auch im Kaffeehaus zu Papier gebracht worden seien.

Das Licht änderte sich, die Perspektive wechselte, das „Magische Café“ glich nun weniger dem historischen Wiener „Café Central“, in das neben Karl Kraus und Leo Trotzki auch Sigmund Freud, Peter Altenberg, Alfred Polgar, Hugo von Hofmannsthal, Anton Kuh, Arthur Schnitzler und andere Geistesgrößen einzukehren pflegten.
Das MC füllte sich in der Mittagszeit zusehends, viele neue Gäste steuerten den Bereich beim Wintergarten an, der um diese Jahreszeit nahtlos in ein Straßencafé überging. Mittagessensgäste und sehr späte Frühstücker saßen in geselligen Runden. Dieser Teil des MC war tagsüber der unruhigste, lauteste, trotzdem gelangte das ausgelassene Stimmengewirr und das Geklapper von Geschirr und Besteck nur wie das Rauschen einer fernen Brandung in die inneren Räumlichkeiten. Dort, unter dem Bild des französischen Nachtcafés unter Blumenkohlsternen, saß noch immer der rauchende Literat. Ein geeigneter Platz, um das Geschehen rundum beobachten zu können. Oft machte er sich Notizen, ab und an verließ er seinen Stammplatz auf einen kleinen Plausch mit einem neu ankommenden Bekannten. Er sah auch das Paar, das gerade einen Mittagsimbiss mit viel Baguette zu sich nahm, doch er mochte sie nicht stören, lehnte an einer Säule in ihrer Nähe und lauschte der Unterhaltung.

Jean-Paul sprach über die unabdingbare Verantwortung eines jeden Menschen für sein Tun und Lassen. Und dass jede Entscheidung, wie schwer sie auch fallen möge, so unmöglich sie erscheine, unausweichlich sei und sie das Gesicht des Menschen zeichnen, prägen würde. Das Spiel des Lebens müsse letztlich jeder allein meistern. So sehr man vom Schicksal manchmal wünschte, alles neu und aussichtsvoller beginnen zu können.
„Wie würden Sie antworten, meine Liebe?“, fragte Jean-Paul, „wenn Ihnen jemand hier im Pariser Café de Flore plötzlich sagte: ‚Ich gäbe meine Seele, wenn ich um deinetwillen noch einmal leben dürfte.‘“
Simone lächelte: „Sie wissen es doch, mon ami, ich würde demjenigen antworten: ‚Wir sind allein auf der Welt. Wir müssen uns lieben. Wir müssen einfach, es ist unsere einzige Chance.‘“
Während Sartre diese Sätze auf eine Papierserviette schrieb, ging Simone de Beauvoir halblaut ihren weiteren Gedanken nach, über Liebe, über die Seele, über eine von Männern dominierte Realität, das Patriarchat, das die Frau erst zum anderen Geschlecht degradiere. „Man wird nicht als Frau geboren“, fasste Simone de Beauvoir zusammen, „man wird dazu gemacht ...“.
Sätze, die man nur selten in den Kaffeehäusern der wirklichen Welt zu hören bekam, schon allein deswegen, weil das Kaffeehaus lange Zeit als Zuhause und Domäne den Herren der Schöpfung vorbehalten war.

Ein besonderer Seitentrakt des MC stand fachkundlich interessierten Gästen offen, mit vielerlei Wandtafeln und Photographien über die Jahrhunderte alte Geschichte der Kaffeebohne. Wer es jedoch vorzog, in dem Raum mit halb geschlossenen Augen Cappuccino, Espresso, Café Crème oder Macchiato nebst Sachertorte, Kirschstrudel oder Käsekuchen nach Omas Rezept zu genießen, der konnte der Stimme einer von sich in höchstem Maße eingenommenen Person zuhören. Sie wusste angeblich nicht nur alles über Kaffee, sondern wollte sogar für sich beanspruchen, den Esprit des europäischen Kontinents und den Weltgeist nachhaltig beeinflusst zu haben. Auch ein typischer Vertreter der Kaffeehauskultur also.
„Denn, meine verehrten Damen und Herren, wenn ich, so wahr ich Georg Franz Kolschitzky heiße, anno 1683 nach der Türkenbelagerung

Wiens die vielen Säcke mit den eigenartigen Bohnen in die blaue Donau befördert hätte, die gesamte abendländische Literatur und Philosophie der kommenden Jahrhunderte wäre nicht zustande gekommen.
Es wird behauptet, den Röstkaffee und den Ausschank des köstlichen Mokka hätte es in nördlichen Gefilden bereits vor der Belagerung Wiens gegeben. Welche Brühe die Herrschaften in Bremen oder in Berlin zehn Jahre vor Eröffnung meines Wiener Kaffeehauses ausgeschenkt haben wollen, will ich weiter gar nicht wissen.
Für mich steht jedenfalls fest, dass die Türken das edle schwarze Rauschgetränk nach Europa gebracht haben. Punktum. Was wiederum die Weisheit untermauert: ex oriente lux. Denn die Geistesblitze nach Kaffeegenuss erst haben das feudal verschnarchte Europa wach gerüttelt. Ohne Türken kein Kaffee, ohne Kaffeekanne kein Kant. Hätte der Königsberger Philosoph Immanuel Kant auf das belebende Getränk verzichten müssen, wäre ihm wahrscheinlich auch der kategorische Imperativ nie eingefallen. Seine Anweisung nämlich, seine Maxime, dass man andere Menschen behandeln solle, wie man selber von ihnen behandelt werden wolle. Diese Maxime hat erst Freiheit, Gleichheit und Brüderlichkeit in die Welt gebracht. Ohne Kant kein Freiheitsdrang, keine Menschenrechte, keine Demokratie. Und wie oft konnte Immanuel Kant den Kaffeegenuss kaum noch erwarten und schrieb darum: „Denn es gibt nichts Schlimmeres, als auf Kaffee zu warten, wenn er noch nicht da ist."
Mein hochverehrtes, andächtig lauschendes Publikum, bedenken Sie und bejubeln Sie auch die enorme Bedeutung meiner Entscheidung, anno 1683 ein Kaffeehaus in Wien zu eröffnen, für die Weltwirtschaft der nachfolgenden Jahrhunderte. Erdöl, so meint man, sei das Blut im Kreislauf global vernetzter Wirtschaftssysteme. Nein, meine Damen und Herren, das wahre flüssige schwarze Gold der globalen Ökonomie ist der Kaffee. Wenn der letzte Tropfen des Erdöls verbraucht worden sein wird, werden nach wie vor Milliarden von Menschen Tag und Nacht tassen- und kannenweise Kaffee trinken. Wer vermag nur im Entferntesten zu ermessen, wie vielen Beschäftigten der Kaffeekonsum Lohn und Brot und Lebensunterhalt beschert?
Und denken Sie an die ausgelassenen oder nachdenklichen Anlässe, die Menschen in der Stadt und auf dem Land zusammen führen. Ob Taufe, Hochzeit oder Trauerfeier, ob Kaffeekränzchen oder Konzernjubiläen, alles unvorstellbar ohne das schwarze Lebenselixier. Glauben Sie mir, der Welthandel würde ohne Kaffeekonsum kollabieren. Einzig der Welthandel mit Erdöl übertrifft den mit der Bohne. Doch das interessiert mich nicht die Bohne, denn die schnell vergänglichen Jahrzehnte des Ölbooms fallen historisch betrachtet überhaupt nicht ins Gewicht! Der wahrhaftige Zaubertrank der Weltwirtschaft fließt nicht aus Pipelines, sondern kommt schon immer dampfend, gurgelnd, aromatisch duftend aus den Röhren von Kaffeemaschinen, und dieses Lebenselixier wird ewig weiter fließen.
Wenn aber die Türken die Säcke voll Kaffeebohnen auf Kamelrücken nicht bis vor Wien transportiert hätten, wenn ich die Säcke in die Donau geschmissen hätte, anstatt mit diesem bescheidenen Grundkapital das erste Wiener Kaffeehaus zu eröffnen, es gäbe keine Globalisierung und die Weltwirtschaft würde in ihren Kinderschuhen stecken, so wahr ich Georg Franz Kolschitzky heiße!"

Die Beleuchtung im „Magischen Café" ging an. Leicht fluoreszierendes Licht erstrahlte hinter mattem Glas, und auf den rundum in die Wände eingelassenen Glasplatten konnte man Schriftzüge historischer und weithin bekannter Kaffeehäuser erkennen, zum Beispiel „Café Größenwahn" oder „Café A Brasileira", „Café Hawelka", „Mokafe", „Café Nowy Świat" und etliche hell leuchtende Namen mehr.
Auch „Rick's Café Americain" durfte hier nicht fehlen.
Der Klavierspieler kam, der im MC der Pianomann genannt wurde, begann sich im Stehen einzustimmen, tippte mehrmals die Tonfolge C-A-F-F-E-E an, was ihm das Augenzwinkern einiger Gäste einbrachte. Der Pianomann

setzte sich, spielte weiter, variierte aus der Kaffeekantate von Johann Sebastian Bach, der ein regelmäßiger Besucher des Leipziger Zimmermannschen Kaffeehauses gewesen war.
In der humorvollen Kantate will ein bekümmerter Vater seiner Tochter den täglichen Kaffeegenuss untersagen. Vergebens, denn die auf Kaffee und Heirat erpichte Liesgen hat ihren eigenen Kopf.
Eine schlanke Sängerin mit strahlendem Lächeln verließ ihren Tisch, gesellte sich zum Pianomann, legte sanft ihre Hand auf seine Schulter und sang eine Stelle aus der Kaffeekantate.

Ei! wie schmeckt der Coffee süße,
Lieblicher als tausend Küsse,
Milder als Muskatenwein.
Coffee, Coffee muß ich haben,
Und wenn jemand mich will laben,
Ach, so schenkt mir Coffee ein!

Die Sängerin beugte ihren ranken Körper vor, hauchte einen Kuss auf die Wange des Klavierspielers und schlenderte zu ihrem Platz zurück. Der Pianomann spürte noch lange die Wärme und Einfühlsamkeit ihrer Hand und die flüchtige Berührung ihrer Lippen. Er wechselte melancholisch Töne und Akkorde, träumte von Edelmut und von verzehrend tiefer Liebe, träumte von der bezaubernden Ingrid Bergmann im Film „Casablanca“ und setzte an, „As time goes by“ zu spielen.

In der abendlichen Kaffeehaussitzung am großen Literatenstammtisch, in unmittelbarer Nähe des Tresens, wo die Ausführungen des braven k.u.k. Offiziers über die Bedeutung der Kaffeehauskultur von fern zwar, aber doch vernommen worden waren, brandeten hitzige Debatten auf. Sie wurden nur von den Bestellungen des nächsten Glases Rotwein unterbrochen. Von einer europäischen Identität wollten einige Stammgäste gar nichts wissen, erst recht nicht, wenn man diese mit Kaffeehäusern in Verbindung bringen würde. Andere hingegen versuchten zu begründen, dass die europäische Kaffeehauskultur sehr wohl Spuren in der Literatur und in den Weltanschauungen hinterlassen habe, in erster Linie in Europa, doch auch weit darüber hinaus.
Der begnadete Redner Anton Kuh warb für die kulturelle Vielfalt eines europäischen Geistes. Und er bedauerte in höchstem Maße, dass das weltstädtische „Café de l'Europe“ geschlossen worden sei. Wohin nun mit dem Schwarm aufgedonnerter und hochgeraffter, Parfümströme ausgießender Damen ohne dieses Café? Und überhaupt, das von slawischen und magyarischen Bestandteilen gesäuberte Wien sei auf dem besten Weg zu einer Provinzstadt zu verkommen.
Andere argumentierten ernsthafter. Die Idee von Einheit und Vielfalt in einem Atemzug, die gäbe es eben nur im Kaffeehaus. Wenn aber das Herz der Vereinigten Staaten von Europa lebendig pochen solle, so würde diesem künftigen Vielvölkerstaat die Kaffeehauskultur die Seele einhauchen.
Da brachte Stefan Zweig das Thema auf die Bildung, denn sie sei höchst identitätsstiftend, ob als Vielvölkerstaat, als künftiges Europa, als Weltgemeinschaft. Der Dichter geriet ins Schwärmen darüber, welche Bereicherung fürs Leben er und seine Altersgenossen bereits in ihrer Jugendzeit im Kaffeehaus erfahren hatten.
„Unsere beste Bildungsstätte für alles Neue blieb das Kaffeehaus“, sagte Stefan Zweig und fuhr fort: „Es ist eigentlich eine Art demokratischer, jedem für eine billige Schale Kaffee zugänglicher Klub, wo jeder Gast für diesen kleinen Obulus stundenlang sitzen, diskutieren, schreiben, Karten spielen, seine Post empfangen und vor allem eine unbegrenzte Zahl von Zeitungen und Zeitschriften konsumieren kann.“
Der Ober fragte höflich dazwischen, ob es auch noch etwas Anderes zum Konsumieren sein dürfe. Fast jeder hatte einen Wunsch, mehr oder weniger Hochprozentiges, doch auch das dunkle Elixier erfreute sich trotz der späten Stunde nach wie vor großer Beliebtheit.

„Kaffee ist im Café nicht Zweck, sondern Mittel“, sprach der Schriftsteller Franz Werfel in die Runde, und dem mochte niemand widersprechen. Aber ein Mittel für oder gegen was? Diese Frage erzeugte erneut weitschweifige Diskussionen. Abschließend fasste Peter Altenberg ein Resümee, indem er meinte, das Kaffeehaus sei einfach ein Allheilmittel. Der Literat begann eine Reihe von Beispielen aufzuzählen, und jedes wurde beklatscht und belacht.

„Du hast Sorgen, sei es diese, sei es jene - - - ins Kaffeehaus!“

„Du findest Keine, die dir paßt - - - Kaffeehaus!“

„Du haßt und verachtest die Menschen und kannst sie dennoch nicht missen - - - Kaffeehaus!“

„Du stehst innerlich vor dem Selbstmord - - - Kaffeehaus!“

Die Lacher beim letzten Beispiel fielen dürftiger aus, doch jeder applaudierte, mit mehr oder weniger Kennermiene.

Der Pianomann spielte jetzt lauter, kräftiger, die späten Gäste des „Magischen Cafés“ kannten das Ritual, das zur Stille ermahnte, weil jetzt eine Autorenlesung folgen würde. Es war keine Bedingung, dass man über Literatencafés geschrieben haben musste, aber jeder wusste, wer hier vorlas, der verkehrte und schrieb oft mit Leib und Seele in einem Kaffeehaus.

Ein Conférencier sprach Einleitendes aus dem Stegreif, er sagte, die hohe Schule der Magie im Kaffeehaus sei die Imagination, die Fähigkeit, die man hier üben könne, mit seiner Seele zu sehen und zu reisen. So solle die späte blaue Stunde unter dem Motto Seelenschau stehen. Und er fragte, wer etwas vorzutragen wünsche. Da sich nicht sogleich jemand meldete, improvisierte der Musiker weiter, leise Töne des Wehmuts. Der Conférencier sprach sanft ermunternde Worte in die Kaffeehausrunde, schaute auch den Literaten unter dem Bild des Nachtcafés an, doch der schüttelte zaghaft den Kopf. Es fanden sich schließlich andere bereit, manch ein Lyriker trug vor, auch kurze Geschichten, poetische Texte wurden vorgelesen. Zuletzt ging Fernando Pessoa nach vorn, legte sein Manuskript auf das Piano, stellte sein Glas daneben, nahm wieder einzelne Blätter in die Hand, begann vorzulesen.

„Ich sehe mit Gelassenheit, ohne mehr als ein mögliches Lächeln der Seele, voraus, daß mein Leben für immer auf diese Rua dos Douradores eingeschränkt sein wird, auf dieses Büro, auf diese Menschen und ihre Atmosphäre. Etwas zu verdienen, was mir mein Essen und Trinken sichert,

eine Behausung verschafft und einen geringen Spielraum in der Zeit, um zu träumen, zu schreiben und – zu schlafen, was könnte ich mehr von den Göttern erbitten oder vom Schicksal erwarten?“

Unter den Zuhörern nickten sich zwei verständnisvoll zu, es waren Franz Kafka und Max Brod. Pessoa aber hielt inne, legte das Blatt aufs Piano, trank, blätterte, kramte. Er entschied sich für Lyrik. Las über die Frage, ob er glücklich sei, las über Liebe und über die Vergeblichkeit, wieder-

geliebt zu werden. Las mit monotoner Stimme, traurig, wie wenn Einsamkeit in der Luft zitternd friert.
Der Dichter trank erneut, als wollte er sich innerlich wärmen, als wollte er dafür Ausgleich schaffen, was nicht einmal die Poesie in seinem Seelengrund glätten konnte. Umso intensiver wirkten seine Fantasieflüge auf die Zuhörer, es schien, wie wenn in Abständen ein Leuchtkäfer dem anderen folgt. Ringsumher Finsternis, das Land liegt da wie eine große Abwesenheit von Lärm, und es riecht beinahe angenehm.
Es war nicht immer einfach, den wechselnden Fantasien in Gedichten und Textauszügen zu folgen, die wie kreisende Leuchtschrift durch die Schwaden des Zigarettenrauchs drangen. Und doch hatte wohl jeder das Gefühl, dem Dichter aus Lissabon nahe zu sein, nachdem er seinen letzten Satz gesprochen hatte.
„Meine Seele ist ein verborgenes Orchester; ich weiß nicht, welche Instrumente, Geigen und Harfen, Pauken und Trommeln es in mir spielen und dröhnen lässt."

Waren für diesen Tag alle Worte gesagt im nächtlichen „Magischen Café"? Tische leerten sich, Gäste machten sich auf den Nachhauseweg, der eine oder der andere träumte, summte noch im Sitzen vor sich hin, bis die schlanke Sängerin von ihrem Sitzplatz aus eine Liedstrophe anstimmte, die alle Anwesenden mitsangen.
„Sing us a song, you're the piano man
Sing us a song tonight."
Billy, der Pianomann, verstand, begann die Melodie zu spielen und sang den Song von der Einsamkeit in der Nacht, von Tabakrauch und dem letzten Glas, sang von Alten und Jungen und sang von dem Mann, der von einer Filmkarriere träumte, doch diesen Ort nie verlassen würde und sein Lächeln verblasst ...
„Sing us a song, you're the piano man
Sing us a song tonight."
Billy sang von dem einsamen Schriftsteller, der nie die Zeit für die Liebe zu einer Frau finden wird und sang von der Politologin ohne Job, die nachts kellnerte, und sang von den letzten Gästen, die ihr Glas leerten, in sich gekehrt...
„Sing us a song, you're the piano man
Sing us a song tonight."

Als Billy Joel, der Pianomann, das „Magische Café" verließ, standen die Stühle bereits auf den Tischen, nur unter dem Gemälde des Nachtcafés saß noch der Literat, zündete sich eine Zigarette an, und die studierte Kellnerin ging auf ihn zu.
„Ich bin müde und möchte schließen."
Er nickte.
„Seit ich mit meiner Spätschicht begonnen habe, sehe ich dich wie abwesend hier sitzen."
Er schmunzelte.
„Bleiben wir noch kurz. Dann erzähle ich dir etwas über magische Tagträume in einem Kaffeehaus."
Sie seufzte, fuhr sich in das dichte, schwarze Haar. Er schaute sie bittend an.
„Brühst du mir noch einen Mokka auf? Nach alter Kunst."
Sie seufzte wieder, ging, brachte die Tasse, setzte sich neben ihn unter das Bild mit den Blumenkohlsternen im schwarzblauen Himmel.
Er trank langsam die Tasse leer, stülpte sie auf die Untertasse, wartete eine Weile, hob die Tasse ab, schaute auf den Kaffeesatz. Sie lehnte sich an ihn.
Er begann zu erzählen.

Fröhlich lockendes Morgenlicht...

café Louvre
APPLE

MOKAFE
Afflijem

Le Cirio

Eines der ältesten Cafés in Brüssel, Le Cirio, wurde 1886 gegründet und befindet sich in Nachbarschaft zur alten Börse. Das Jugendstil-Interieur ist hauptsächlich in dunklem Holz gehalten. Eine Spezialität des Hauses ist neben dem obligatorischen Kaffee das „Half and half“, eine Mischung aus Champagner und Weißwein.

Le Falstaff

Das angebliche Lieblingscafé des Chansonniers und Schauspielers Jacques Brel gegenüber der Brüsseler Börse in der Nähe der Grand-Place ist in schönem Jugendstil und Art Déco gehalten. Das Café wurde 1903 von Madame Broeckaert eröffnet und steht seit dem Jahr 2000 unter Denkmalschutz. Für die Innenausstattung war ein Schüler des Jugendstil-Architekten Victor Hortas verantwortlich. Ursprünglich war es eine Weinstube, in der sich zunächst hauptsächlich Bankangestellte und Händler der Börse trafen. Durch den Erfolg der Weinstube musste das Nebenhaus zusätzlich erworben werden. Eine Besonderheit der Einrichtung sind mit Glasmalerei dekorierte Fenster, die Darstellungen um die literarische Figur des Sir John Falstaff zeigen.

Café Metropole

Das Café Metropole ist Teil des 1895 im Zentrum von Brüssel erbauten 5-Sterne-Hotels Métropole, welches berühmte Persönlichkeiten wie Albert Einstein, Marie Curie, Enrico Caruso oder Arthur Rubinstein zu Gast hatte. Das Kaffeehaus steht in der Tradition des Grand Café, die Innenausstattung ist im Art Déco-Stil gehalten und wurde wie auch das Hotel selbst sehr edel und aufwendig gestaltet. Grand-Place, Börse und das Théâtre Royal de la Monnaie befinden sich in unmittelbarer Nähe.

Café Einstein, Zweigstelle Unter den Linden
Café Einstein, Stammhaus

Das Café Einstein Unter den Linden wurde 1996 mitten im Berliner Regierungsviertel eröffnet. Eine Besonderheit ist die angeschlossene Galerie, die Fotoarbeiten von nationalen und internationalen Künstlern wie Dennis Hopper, Wim Wenders oder Helmut Newton zeigt; auch Lesungen finden statt. Gegründet wurde es vom Regisseur, Schauspieler und Künstler Gerald Uhlig.

Das 1978 gegründete legendäre Café-Restaurant nach dem Vorbild eines Wiener Kaffeehauses befindet sich in einer schönen alten Stadtvilla mit einer wechselhaften Geschichte und bietet klassische österreichische Küche. Der Kaffee stammt aus der hauseigenen Rösterei.

Café Opernpalais Unter den Linden

Das Café Opernpalais am Anfang des Flanier-Boulevard Unter den Linden steht in der Tradition Wiener Kaffeehäuser. Der Bau des Gebäudes geht auf das Jahr 1733 zurück.

Italienisches Dörfchen

Das Café und Restaurant liegt direkt am Theaterplatz im historischen Stadtzentrum Dresdens, gegenüber von Hofkirche, Schloss, Zwinger, Semperoper und der Elbe. Der ungewöhnliche Name ist auf den Bau der Hofkirche durch den italienischen Architekten Gaetano Chiaveri zurückzuführen: Da ihm zahlreiche Handwerker aus Italien folgten, siedelten sich diese auf dem linken Ufer des Elbbogens in kleinen Häuschen an. Die Dresdner nannten diese Siedlung „Italienisches Dörfchen".

Kulinarische Vielfalt im ITALIENISCHEN DÖRFCHEN
CAFFEE ~ BIERSAAL ~ WEINZIMMER ~ RISTORANTE Bellotto
BIERSAAL
CAFFEE
WEINZIMMER

Milchladen

Der Landwirt und spätere Geheimrat Paul Gustav Leander Pfund wurde 1879 in Dresden ansässig und plante dort eine Verbesserung der Milchversorgung der Stadt, die damals noch umständlich von umliegenden Bauernhöfen und teilweise auch unter unhygienischen Bedingungen organisiert wurde. Seine Geschäftsidee war, einen Laden zu gründen, in welchem Kunden die Milch von direkt gemolkenen Kühen beziehen konnten, was sämtliche Transport- und Konservierungsprobleme vor dem Verkauf löste. Das Geschäft expandierte und entwickelte sich zu einem weltweit exportierenden Unternehmen. Heute gibt es im Milchladen auch ein Restaurant.

Zahlstelle.

Wacker's Kaffee

Wacker's Kaffee hat sich zu einer besonderen Adresse in Frankfurt am Main entwickelt. Zur Zeit Goethes, der hier seine Milch kaufte, war es noch ein Lebensmittelgeschäft. 1914 wurde das bis heute bestehende Kaffeegeschäft mit Probierstube von Louise Wacker als Feinkostgeschäft mit eigener Rösterei eröffnet.

Wackers Kaffee
BINDING
WACKERS KAFFEE seit 1914
SUBWAY

Konditorei Café Lindtner

Das Café Lindtner zählt zu den seltenen klassischen Kaffeehäusern Deutschlands. Gegründet 1939 von Alwine und Hermann Lindtner hat das Familienunternehmen mit nostalgischem Ambiente zudem eine hauseigene Konditorei.

Konditorei Lindtner

Literaturhaus Café

Erbaut im Jahr 1868 hat das Gebäude oft seine Besitzer gewechselt, bis 1987 die ZEIT-Stiftung das Haus erwarb und gemeinsam mit der Stadt Hamburg die Renovierung und aufwendige Restaurierung an Stuck und Malereien ermöglichte. Seit 1998 steht das Gebäude unter Denkmalschutz. Die Räumlichkeiten werden regelmäßig dem Literaturhaus e.V. zur Verfügung gestellt, damit Veranstaltungen zur Förderung des literarischen Lebens stattfinden können.

Café Paris

Die Räumlichkeiten des Café Paris dienten ehemals einer 1882 gegründeten Schlachterei. Die Gründer Rainer Wendt und Thomas Pincon haben den noch mit Originalkacheln ausgelegten Raum nach dem Vorbild einer französischen Brasserie eingerichtet und ab 2005 noch einen zusätzlichen, im Art Déco-Stil gehaltenen Salon eröffnet.

GEGRÜNDET 1882

Zum Arabischen Coffe Baum

Das Leipziger Haus „Zum Arabischen Coffe Baum“ gehört zu den ältesten kontinuierlich betriebenen Café-Restaurants Europas. Berühmte Dichter, Komponisten und Universitätsgelehrte waren hier Stammgäste. Das Gebäude ist heute ein kultur- und kunstgeschichtliches Baudenkmal, das noch auf den Grundmauern des ersten Gebäudes steht und ein Teil des Stadtgeschichtlichen Museums Leipzig ist. Eine Besonderheit ist die barocke Sandsteinplastik über dem Portal, die seit 1720 als Haus- und Gewerbezeichen dient: Ein Osmane überreicht dem Gott Amor eine Tasse Kaffee, wodurch die Übergabe des Kaffees als Geschenk des Orients an den Okzident symbolisiert wird.

Kaffeehaus Riquet

Das Kaffeehaus, dessen Innenraum mittlerweile denkmalgeschützt ist, wurde 1908/09 im Auftrag der Firma Riquet & Co vom Architekten Paul Lange errichtet. Das Markenzeichen sind zwei über der Eingangstür befindliche kupferne Elefantenköpfe. Die Handelstradition der Firma mit Ostasien und dem Orient reicht bis in die Mitte des 18. Jahrhunderts zurück.

Hotel & Service
Sondertarife gegen leere Sitze
Stadtcafé - Wiener Café - Weinkeller

Café Grundmann

Das Café Grundmann in Leipzig, eröffnet 1919, gilt als das einzige im Art Déco-Stil erhaltene Wiener Kaffeehaus im mitteldeutschen Raum. Regelmäßig werden Lesungen, Chanson- und Jazzabende veranstaltet.

SERVIETTEN-
KLOß MIT
PFIFFERLINGS-
RAHM 8,00
WIRKLICH GUTE
HAUSGEMACHTE
SÜLZE VOM
SCHWEIN MIT
BRATKARTOFFELN
7,00
SANDEMAN.

Café Hag / Confiserie Rottenhöfer

Nach dem Erwerb des Palais in der Residenzstraße im Jahr 1838 in unmittelbarer Nähe zum königlichen Hof wurde die Confiserie Rottenhöfer bald zum königlich-bayerischen Hoflieferanten ernannt. Das Haus hat in der Zwischenzeit mehrfach die Besitzer gewechselt. Unter anderem kaufte 1924 der Kaffeehändler Ludwig Roselius, der ein Verfahren entwickelte, um Kaffeebohnen das Koffein zu entziehen, das Anwesen. Nach schweren Luftangriffen in den Jahren 1944 und 1945 wurde das damals bis auf die Fassade zerstörte Gebäude wieder aufgebaut, knapp 10 Jahre später modernisiert und 1982 komplett neu gestaltet.

Conditorei
KAFFEE HAG

Schuhbecks Orlando

Das Münchner Orlando-Haus wurde in den Jahren 1899/1900 von dem Architekten Max Littmann gebaut und ist eines der wichtigsten bürgerlichen Baudendenkmäler in der historischen Altstadt Münchens. Ende 2007 hat hier der bekannte Koch und Autor Alfons Schuhbeck in dem denkmalgeschützten Gebäude sein Café eröffnet. Die Innenausstattung zeigt barocke Goldstuckdecken, Kristall-Leuchter und Marmorvertäfelungen.

Tambosi

Das Café Tambosi am Hofgarten ist das älteste, durchgehend betriebene Kaffeehaus der Stadt München. Von 1810 ab wurde es von Luigi Tambosi, Sohn des Hofkellermeisters von König Ludwig I., betrieben. Ab den 20er Jahren des 20. Jahrhunderts entwickelte es sich unter der Führung eines neuen Besitzers zu einer der wichtigsten Münchner Institutionen mit Theatervorstellungen und anderen kulturellen Veranstaltungen. Das Kaffeehaus wäre beinahe einer Bank zum Opfer gefallen, die das Gebäude für sich beanspruchte – ein Volksbegehren konnte dies verhindern. Im Anschluss an Umbauarbeiten 1997 wurde es wieder unter dem Namen „Tambosi" geführt.

Café Prag

Die ehemalige 1775 gegründete Hofkonditorei der Familie Kreft befindet sich in einem der historischen Stadthäuser im Innenstadtbezirk Schwerins. Der heutige Name kam 1991 durch das Freilegen einer alten Wandmalerei im Café zustande, die eine Stadtansicht Prags zum Vorschein brachte. Von der Außenterrasse aus erschließt sich der Blick auf das Schloss und die Staatskanzlei.

Speiserestaurant
Café Prag

Mille et une
Nuits

Le Grand Café

Dieses Café in Moulins wurde 1899 von einem ehemaligen Kellner aus Montluçon eröffnet. Es gehört zu den schönsten Brasserien in Frankreich und ist mit großen Spiegeln und Fresken ausgestattet. Hier war Gabrielle Chanel, Angestellte einer Schneiderei, zu Gast, bevor sie als Coco Chanel in die Geschichte der Mode einging.

Les Deux Magots

Les Deux Magots, frei übersetzt „Die zwei Händler“, ist eines der bekanntesten Cafés in der Nähe des Boulevard Saint-Germain und ehemaliger Treffpunkt berühmter Literaten, Intellektueller und Künstler, so z.B. Paul Verlaine, Arthur Rimbaud, Stéphane Mallarmé und später auch der Surrealisten. Den Innenraum des Cafés schmücken zwei an einer Säule angebrachte Sitzfiguren, die an frühere Zeiten erinnern, als die Räumlichkeiten noch bis 1885 für eine Handelsniederlassung für fernöstliche Kunstgewerbeartikel genutzt wurden. Wie auch im Café de Flore wird auch hier seit 1933 jährlich ein Literaturpreis, der „Prix des Deux Magots“, verliehen.

LES DEUX MAGOTS
LES DEUX MAGOTS

Café de Flore

Das gegen Ende des 19. Jahrhunderts entstandene Café de Flore befindet sich im Pariser Viertel Saint-Germain-des-Prés. Der Name stammt von einer Skulptur der Göttin Flora, die gegenüber dem Café auf der anderen Straßenseite stand. Jean-Paul Sartre, Simone de Beauvoir und andere Intellektuelle der Stadt waren hier regelmäßig Gäste, im zweiten Weltkrieg war es ein Treffpunkt für Vertreter der Résistance. Der Autor Frédéric Beigbeder hat 1994 den Literaturpreis „Prix de Flore“ ins Leben gerufen, der jährlich im Café an junge Autoren verliehen wird.

La Closerie des Lilas

Der „Fliedergarten“, eine der ersten Adressen für die Pariser Avantgarde, stammt aus der Mitte des 19. Jahrhunderts und hat den Ruf des Viertels Montparnasse entscheidend geprägt. Es war ein zentraler Treffpunkt für die intellektuelle und künstlerische Szene, Lenin spielte hier Schach und amerikanische Schriftsteller wie Hemingway, Fitzgerald und Miller waren unter den prominenten Gästen.

Café de Flore
172, Boulevard Saint-Germain - 75006

Le Procope
Fondé en 1686
Café Restaurant
CAFÉ PROCOPE TENU PAR ZOPPI
LE 4 MAI 1999
LE BANQUET DES POETES
CELEBRE AU PROCOPE
LE CENTENAIRE DE LA NAISSANCE
DE MAURICE CARÊME
PRINCE EN POÉSIE
1899 - 1999

Café Procope

Das Café Procope im Quartier Latin zählt zu den ältesten und renommiertesten Kaffeehäusern und Restaurants der Welt. Der gebürtige Sizilianer Procopio dei Coltelli eröffnete 1686 das erste Café von Paris in der heutigen Rue de l'Ancienne Comédie und servierte den Gästen neben Kaffee auch eine damalige Neuheit: Eiscreme. Bekannt wurde es insbesondere als das erste Literaten-Café, da sich hier Schriftsteller und Philosophen der Aufklärung wie Voltaire, Diderot, Hugo, Balzac oder auch Rousseau regelmäßig zu Diskussionsrunden trafen. Das Café wird auch mit der Entstehung des geistigen Fundaments der französischen Revolution in Verbindung gebracht.

La Rotonde

Direkt an der Kreuzung vom Boulevard Montparnasse und dem Boulevard Raspaille liegt das 1919 von Victor Libion gegründete Café La Rotonde. Libion akzeptierte es, wenn verarmte Maler ihm eines ihrer Werke als Pfand für eine Mahlzeit hinterließen, bis sie wieder ihre Schulden begleichen konnten. Dadurch wurde das Café zeitweise auch zu einer kleinen Galerie. Pablo Picasso und Alexander Evgenievich Yakovlev haben Szenen im Café in Gemälden verewigt.

LA ROTONDE

Caffè Nazionale

Ende des 19. Jahrhunderts erbaut ist das Gebäude in gotischem Stil gehalten und war einst ein Kloster. Die beeindruckende Inneneinrichtung ist mit Familienwappen des zu jener Zeit dort ansässigen Adels geschmückt und sehr gut erhalten. Hier wurden im 20. Jahrhundert die ersten Filme vorgeführt, später gar Filmszenen gedreht und politische Treffen veranstaltet.

CAFFÈ DEI COSTANTI
CHOCOLAT
LAIT
APÉRITIFS

Caffè Meletti

Das ehemalige Postamt in Ascoli Piceno wurde Anfang des 20. Jahrhunderts zu einem Kaffeehaus im Jugendstil umgebaut und war lange Zeit Treffpunkt der hiesigen Prominenz und bekannter Persönlichkeiten der Kulturszene. König Viktor Emanuel ernannte das Haus gar zum offiziellen Hoflieferanten für den berühmten Anisetta, ein in Italien sehr beliebter Anislikör.

Meletti

ASTICCERIA CAVOUR CAFFETTERI

Pasticceria Bar Cavour

In der Nähe des Donizetti-Theaters gelegen war und ist dies ein beliebtes Kaffeehaus für Künstler. Das Inventar stammt aus der Zeit um 1800 und die Räumlichkeiten sind von einem Duft nach Schokolade und Kuchen durchdrungen.

Caffè del Tasso

Bereits seit 1476 bekannt unter dem Namen „Locanda delle due Spade“, wechselte das Lokal inmitten der Altstadt den Namen in „Torquato Tasso Caffè e Bottiglieria“, als im Jahr 1681 in der Nähe die Statue des Dichters Torquato Tasso errichtet wurde. Dies ist einer der ältesten Orte Bergamos und seit seiner Entstehung ist das Café eng mit der Geschichte der Stadt verbunden. Mitte des 19. Jahrhunderts wurde das Lokal im klassizistischen Stil neu gestaltet und ein neuer Name gewählt, der sich bis heute nicht verändert hat. Das Caffè del Tasso ist heute Teil der „Historischen Lokale Italiens“.

GiLLi
1733

Caffè Pasticceria Gilli

Die Konditorei Gilli, gegründet 1733, galt seit ihrer Eröffnung als eines der elegantesten Cafés und Treffpunkt für Intellektuelle. Sie hat mehrmals den Ort gewechselt, die Stammkunden blieben jedoch immer treu.

Gran Caffè Giubbe Rosse

Im Gran-Caffè Giube Rosse (von „Giubbe“ = Weste, Jacke und „rosso“ = rot) tragen die Kellner seit der Gründung 1897 ausnahmslos traditionelle rote Westen. Hier war der Treffpunkt für Journalisten, Schriftsteller, Maler und das intellektuelle Zentrum des Futurismus. Gegründet wurde das Café allerdings von zwei Deutschen, den Gebrüdern Reininghaus. Regelmäßig werden hier literarische Veranstaltungen abgehalten.

Caffè Paszkowski

Das 1846 eröffnete Café in einem der ältesten Viertel von Florenz verdankt seinen Namen seinem Gründer, einem polnischen General, und war ursprünglich eine Brauerei.

Antico Caffè di Simo

Dieses Café, dessen originales Mobiliar fast erhalten geblieben ist, nannte sich ursprünglich Caffè del Caselli und wurde 1846 eröffnet. Giacomo Puccini war hier einer der Stammgäste. Das Café stellt Bilder und Souvenirs seiner prominenten Gäste aus.

COVA
CASA FONDATA NEL 1817
MILANO VIA MONTENAPOLEO

Pasticceria Confetteria Cova

Die Café-Konditorei in der Nähe der berühmten Mailänder Scala wurde 1817 von Antonio Cova gegründet und war schnell ein beliebter Ort der Mailänder Kunst- und Kulturszene. Während der so genannten „Fünf Tage von Mailand" vom 18. bis 22. März 1848, der Zeit des Aufstandes gegen die österreichische Herrschaft, spielte das Café als Versammlungsort der Aufständischen eine zentrale Rolle.

Caffè Zucca in Galleria

Das Zucca in Galleria ist eine Mailänder Institution mit Jugendstil-Dekor und einstmals der Treffpunkt für Verdi und Toscanini nach den Aufführungen in der Mailänder Scala. Umberto Boccioni hat den Ort, der noch heute ein Stück italienischer Kulturgeschichte repräsentiert, in seinem Bild „Schlägerei in der Galleria“ verewigt. Von der Vereinigung „Locali Storici Italiani“ wurde das Zucca in Galleria als erstes in die Liste der historischen Lokale Italiens aufgenommen.

MPARI
ZUCCA
ZUCCA

APEROL
Livio Felluga

Caffè Fiaschetteria Italiana

Gegründet wurde das Café von Ferruccio Biondi, Neffe des Erfinders des „Brunello di Montalcino“, eines renommierten Rotweines. Überregional bekannt ist es auch durch sein großes Weinangebot.

Caffè Tettuccio

Das Café gehört zur bekannten Tettuccio-Therme und ist im Art Nouveau-Stil eingerichtet.

Caffè Pedrocchi

Das renommierte „Café ohne Türen“, ein neoklassizistischer Bau aus dem Jahr 1831, soll Stendhal zufolge den besten Kaffee Italiens servieren. Die Inneneinrichtung ist mit Kronleuchtern, Gold, Stuck, Marmor und Spiegelwänden aufwendig gestaltet und erinnert an die große Zeit der Kaffeehäuser. Es verfügt über große Versammlungs- und Konzerträume.

Pasticceria Sandri

Die Pasticceria Sandri wurde 1860 von einem Schweizer Konditormeister eröffnet und ist die älteste Konditorei der Region Umbrien. Die gewölbten Decken des Caféraumes sind kunstvoll bemalt, das Interieur aufwendig gestaltet.

VIA
S. MARIA
BAR DUOMO

Caffè Pasticceria Valiani

Das Caffè Pasticceria Valiani ist eines der ältesten Cafés Italiens. Es wurde 1831 eröffnet und befindet sich noch immer im Besitz der Gründerfamilie.

Antico Caffè Greco

Das Caffè Greco ist nicht nur unter Kennern eine Institution von Weltrang. Es ist eines der letzten großen Künstlercafés in Rom und befindet sich ganz in der Nähe der Spanischen Treppe in der Via Condotti. Unter den zahlreichen bekannten Stammgästen waren Goethe, Wagner, Mendelssohn, Stendhal, Liszt oder Casanova. Das italienische Kulturministerium erklärte das Café zum „Monument vom historischem und nationalem Interesse“. Es besitzt außerdem mit über 300 Werken eine der größten privaten Galerien. Einer Legende zufolge wird ein Kardinal, der hier zu Gast ist, der nächste Papst.

Caffè Tazza d'Oro

Die Kaffeerösterei in der Nähe des Pantheon wurde 1946 von Mario Fiocchetto gegründet. Die Kaffeebohnen wurden damals noch direkt aus den Anbaugebieten über die Häfen von Triest, Genua oder Neapel importiert.

CHIUSO
DOMEN
Coca-Cola

Caffè degli Specchi

Das Caffè degli Specchi ist ein typisches stadtbekanntes Literatencafé im Jugendstilambiente. Es liegt zentral am Hauptplatz, umgeben von einer Kulisse aus Meer und Prachtbauten.

gli Specchi
Ristorante
Caffé degli Specchi
Ristorante

Caffè San Marco

Der Innenraum ist mit zahlreichen Fresken geschmückt, und die von Wiener Kaffeehäusern inspirierte Innenausstattung im Originalzustand besteht aus typischen Marmortischen, Holztheken und Aktgemälden. Während des ersten Weltkrieges diente es aufständischen Patrioten als Produktionsstätte gefälschter Pässe und verhalf so indirekt vielen zur Flucht.

HAUSBRANDT

Caffè Tommaseo

Das Caffè Tommaseo liegt in einem der schönsten Viertel Triests in der Nähe der berühmten Piazza Unita d'Italia und am Opernhaus Giuseppe Verdi. Tommaso Marcato aus Padua eröffnete das Café im Jahre 1830, dessen Innenraum mit Gemälden von Gatteri und großen Spiegeln aus Belgien ausgestattet ist. Es gilt als das älteste Kaffeehaus in Triest und ist Mitglied im Verband der historischen Gasthäuser Italiens.

TORINESE

Urbanis

Das 1832 eröffnete Café besitzt einen historischen Mosaikboden, der aus dem Gründungsjahr stammt.

Caffè Confetteria Abrate

Nach einer Renovierung wurde das Caffè Confetteria Abrate aus dem Jahr 1866 leicht vergrößert – das Inventar ist allerdings erhalten geblieben. Zu Zeiten der Monarchie war es Hoflieferant für das Frühstück der Prinzen der königlichen Reitschule und ist nach wie vor für seine exzellenten Back- und Süßwaren bekannt.

Caffè Al Bicerin

Das kleine Café, eröffnet 1763, gilt als das zweitkleinste historische Café der Welt und servierte in den Anfangsjahren neben üblichen Getränken auch erstmals Kaffee, der zu dieser Zeit ein exotisches Getränk war. Noch heute hat es das für italienische Kaffeehäuser typische Dekor erhalten.

Caffè Elena

1863 beschloss Sanremo Sebastiano Elena das elterliche Lebensmittelgeschäft in eine Kaffeerösterei umzuwandeln – das Haus wird heute noch als Familienbetrieb geführt.

Caffè Gelateria Fiorio

Das 1780 eröffnete Café mit Eisdiele war schnell ein Treffpunkt für Politiker und Aristokraten. Die Gerüchteküche soll hier dermaßen intensiv betrieben worden sein, dass König Carlo Alberto von Sardinien einen täglichen Rapport über den dortigen Stand der Nachrichten einholen ließ.

Caffè Mulassano

Das Café ist durch die Erfindung eines bekannten Sandwiches, des „Tramezzini", bekannt geworden und bewirtete Mitglieder des Königshauses der Savoyer. Es ist ein Teil der Stadtgeschichte geworden und besticht durch seine alte und authentische Inneneinrichtung.

Caffè San Carlo

Das erste öffentliche Lokal Italiens mit Gasbeleuchtung hat eine reiche Innenausstattung aus Marmor, Spiegeln und Fresken.

Caffè Ristorante Torino

Dieses Café ist jüngeren Datums und wurde 1903 eröffnet. Besonderheiten sind hier eine große Wendeltreppe, auffälliger Stuck, große Kronleuchter aus Kristallglas und sogenannte „Trompe-l'œil" an den Wänden.

VERGNANO 1882
passo carrabile
20
Gelateria

Gran Caffè Chioggia

Eines der vier großen Kaffeehäuser rund um den Markusplatz ist das Gran Caffè Chioggia. Als Gast hat man einen direkten Blick auf den Dogenpalast, die Lagune und die Isola San Giorgio Maggiore. Zur Unterhaltung der Gäste gibt es Live-Musik.

MASSIMO
RANIERI

Caffè Florian

Das Caffè Florian ist eine echte Sehenswürdigkeit Venedigs. Es eröffnete 1720 in den Arkaden am Markusplatz und zählt unter anderen Casanova, Lord Byron, Rousseau oder Goethe zu seinen ehemaligen Gästen. Während des Aufstands von 1848 wurden hier Verwundete untergebracht. Ende des 19. Jahrhunderts wurde zudem im Florian von Riccardo Selvatico und seinen Mitstreitern die Idee eines nationalen Kunstfestivals in Venedig entworfen – der Grundstein für die weltberühmte Biennale di Venezia.

orrer

Caffè Lavena

Das Caffè Lavena stammt aus dem Jahr 1750 und war ein beliebtes Stammcafé von Richard Wagner und seinem Schwiegervater Franz Liszt. Aufgrund der zahlreichen ausländischen Gäste wurde es auch „Caffè di Foresti“ – Café der Fremden – genannt.

Gran Caffè Ristorante Quadri

Das am Markusplatz gelegene Caffè Quadri von 1775 ist noch in seinem Originalzustand erhalten geblieben. Dem Besitzer Giorgio Quadri aus Korfu sagte man nach, den seinerzeit besten Kaffee auf „türkische Art“ zu brauen.

CAFFE' DANTE

Caffè Brasserie Filippini

Das Caffè Filippini an der Piazza delle Erbe im Herzen Veronas befindet sich im einstigen Zentrum des wirtschaftlichen und politischen Lebens der Stadt. Seit 1901 können hier Gäste im schönen Ambiente einen Blick auf einen typisch italienischen Marktplatz werfen.

Libero
IL GIORNALE DI VICENZA
La Gazzetta dello Sport
il Giornale
Hanno di tutto, vogliono di più
Milano, la Procura contro il lodo Alfano

Europäische Kaffeehauskultur

„Jetzt gerät alles in Bewegung: Wie die Bataillone der Grande Armeé stürmen die Ideen auf das Schlachtfeld, und der Kampf entbrennt."
Honoré de Balzac

Nicht nur Honoré de Balzac, einer der maßgeblichen Protagonisten des französischen Realismus, war zutiefst vom Charakter des Kaffees und seiner berauschenden Wirkung beeindruckt. Dass er ihn gezielt zur Steigerung seiner Leistung und Kreativität einsetzte, bezeugt zumindest seine Abhandlung über moderne Reizmittel. Zitate oder Anekdoten berühmter Persönlichkeiten zum Genuss des Kaffees gibt es allerdings viele, und zahlreiche von ihnen beziehen sich nicht nur auf den Kaffee selbst, sondern auch auf jene Orte, die seit über drei Jahrhunderten einen Teil der europäischen Kulturgeschichte mitbeeinflusst haben: Kaffeehäuser. Lange Zeit waren sie in den Metropolen Europas der Nährboden für eine Synthese aus Konsum, Geselligkeit und kulturschaffender Betriebsamkeit. Ob das allein der physischen und psychischen Wirkung des Kaffees zuzuschreiben ist, mag dahin gestellt sein; sicher und historisch belegt ist jedoch, dass den Kaffeehäusern eine wesentliche Rolle bei der Förderung politischer, literarischer und künstlerischer Entwicklungen zukam, dass sie einen Raum boten, der bestimmte Tendenzen und Strömungen begünstigte. Viele von ihnen waren in den vergangenen Jahrhunderten nicht nur eine Zufluchtsstätte im harten Alltag, sondern auch ein soziales Feld, welches eine ganz eigene Dynamik entwickelte. Hier war es möglich, den sonst gesellschaftlich sanktionierten Müßiggang und die Hingabe an den Genuss unbefangen auszuleben, wodurch sich eine zwanglose Entfaltung des Geistes und der Sozialität ergab. Der einengenden rationalisierten Arbeitswelt und dem bürgerlichen Ethos der Leistung zumindest für einen gewissen Zeitraum entkommen, konnten Kaffeehausbesucher sich mit Gleichgesinnten treffen und einen intensiven Austausch pflegen. Wie es zu solch einer Bedeutung letztendlich kam, lässt sich durch einen kurzen Blick auf die Geschichte verstehen.

Vom abessinischen Hochland Äthiopiens ausgehend wurde Kaffee zunächst in die arabische Welt eingeführt, wo man ihn ungefähr seit Mitte des 15. Jahrhunderts konsumierte. Dies geht zumindest aus einem in der Pariser Nationalbibliothek aufbewahrten arabischen Manuskript zum Kaffeeverbrauch hervor, das auf Mitte des 16. Jahrhunderts datiert wird und sich wiederum auf verloren gegangene Aufzeichnungen eines Arabers namens Shihab-ad-Din bezieht, die gut 100 Jahre früher entstanden sein sollen. Bemerkenswert ist, dass die Geschichte des Kaffeekonsums zugleich eine Geschichte damit verbundener Konflikte ist, denn die ersten Kaffeestuben in Mekka und Medina führten bei den Obrigkeiten durchaus zu Unmut. Die so genannten „Kaveh Kanes", damals noch ausschließlich Männern vorbehalten, entwickelten sich schnell zu Zentren von Spiel und Diskussionen, und die berauschende Wirkung des Kaffees, die häufig mit unsittlichen Ausschweifungen in Verbindung gebracht wurde, löste bei Schriftgelehrten und politischen Autoritäten immer wieder ein grundlegendes Unbehagen aus. Vielleicht war diese ablehnende Haltung jedoch auch der Tatsache geschuldet, dass hier Tanz, Musik, Gesang und also eine insgesamt ausgelassene Stimmung gepflegt wurde. Ein Verbot und die Schließung der Kaffeestuben hatten allerdings nicht lange Bestand und wurden recht bald aufgehoben.

Der Geschichtsforschung zufolge verdankt Europa seine Kaffeekultur der Ausbreitung des osmanischen Reiches und der Eroberung von Ländereien, in denen Kaffee kultiviert und konsumiert wurde. Durch die Besetzung von Syrien, Jemen und Ägypten konnten die Osmanen zugleich die dortigen Anbaugebiete kontrollieren. Der Kaffee wurde schnell innerhalb der besetzten Gebiete, verbreitet und mit der Eröffnung der ersten Kaffeestube 1554 in Konstantinopel wurde erstmals – trotz Opposition von Klerus und Staat – diese Institution auf dem südöstlichen europäischen Kontinent etabliert. Das damit verbundene Wissen und Handwerk begann sich zu entwickeln, die Kunst des Kaffeeröstens wurde verfeinert und der Genuss von Kaffee ein Teil des öffentlichen Lebens. In der darauf folgenden Zeit wurden zwar immer wieder Verbote aufgestellt, Kaffeetrinker sogar bestraft und verfolgt – was immerhin bis zur Reformpolitik der Tanzimat ab 1839 anhielt, nach deren Durchsetzung der Kaffeekonsum nun endgültig anerkannt wurde – doch einschränken ließ sich das Kaffeetrinken letztendlich nie.

Der Grundstein für die europäische Kaffeehauskultur wurde mit den ersten Kaffeeimporten nach Westeuropa Anfang des 17. Jahrhunderts gelegt. Der steigende Bedarf durch die rasche Ausbreitung innerhalb des osmanischen Reiches und das zunehmende wirtschaftliche Erstarken der europäischen Nationen übte Druck auf das arabische Kaffeemonopol aus, und es war nur eine Frage der Zeit, bis man in Europa begann, in jenen Kolonialgebieten anzubauen, die hierfür die klimatischen und geologischen Bedingungen erfüllten. Der Anbau, der sich zunächst auf Afrika und Arabien beschränkte, konnte auf andere Gebiete wie Indien ausgedehnt werden, und der Handel erlangte schnell weltwirtschaftlichen Rang. Da in Europa – im Gegensatz zu heute – wenn überhaupt nur sehr wenige Haushalte über die technischen Möglichkeiten zur Kaffeezubereitung verfügten, wurden kleine Unternehmen gegründet, die im Besitz der hierzu notwendigen Apparatur waren und erstmals die Möglichkeit des Kaffeegenusses für ein breiteres Publikum als Geschäftsmodell einführten; mit der zunehmenden Verbreitung des Kaffees vergrößerte sich entsprechend ihre Anzahl. Insbesondere Hafen- und Handelszentren wie Venedig, London, Marseille oder Bremen waren die ersten Städte, in denen der Handel schnell blühte. Legendär ist die Eröffnung des ersten europäischen Kaffeehauses 1647 am Markusplatz in Venedig, einer Stadt, die durch intensive Handelsbeziehungen zum Orient für ein solches innovatives Geschäft der ideale Standort war. In den kommenden Jahrzehnten folgen andere wichtige Handelsstädte wie London, Marseille, Amsterdam, Paris, Den Haag und natürlich Wien. Der rein funktionale Charakter einer Stätte für den Ausschank war nur von kurzer Dauer, denn schon bald entwickelten sich die Kaffeehäuser ähnlich den Vorbildern in der arabischen Welt zu beliebten Orten für Versammlungen mit einer einzigartigen Atmosphäre Zunächst wurden sie hauptsächlich von bürgerlichen Schichten besucht, denn der Adel in Europa zog es vor, in den eigenen Kreisen zu verweilen, und Arbeiter konnten sich den Besuch eines Cafés zumeist nicht leisten. Ein wesentliches Charakteristikum war allerdings

eine spezifische Haltung der Besucher, denn hier wurden nicht alkoholische Getränke wie etwa in den traditionellen Gasthäusern serviert. Die anregende Wirkung des Kaffees stimulierte im Gegensatz zum Alkohol Physis und mentale Leistung – nüchterne Debatten über Politik und Geschäftliches oder schlicht Geselligkeit zum Zweck des Zeitvertreibs standen im Vordergrund. Der permanente Rausch durch den täglichen Konsum alkoholischer Getränke (man darf nicht vergessen, dass sauberes Trinkwasser zu diesen Zeiten noch keine Selbstverständlichkeit war) wurde abgelöst durch eine neue Form der geistigen Präsenz, auch wenn die Nebeneffekte des Kaffeeröstens – ein starker, unangenehmer Geruch – oder die noch argwöhnisch beobachte Wirkung nicht immer auf Gegenliebe stießen und sogar als Gefahren betrachtet wurden. Der dem Kaffee zugeschriebene Rausch galt als anstößig, die medizinische Wirkung auf den Körper als bedenklich. Letztendlich aber hatten der steigende Konsum und die damit einhergehende Notwendigkeit der Eröffnung neuer Häuser einen zusätzlichen Effekt: die Ausbildung eines bis dahin unbekannten Bereiches der Öffentlichkeit, der es den Besuchern gestattete, gewissermaßen am Puls der Zeit zu sein.
Ein gutes Beispiel für die historische Bedeutung dieser Einrichtungen ist der in England geprägte Begriff der Penny Universities, wie Kaffeehäuser als Bildungsanstalten im London des 18. Jahrhunderts häufig genannt wurden. Dies erklärt sich zunächst dadurch, dass Besucher dem Besitzer ein Eintrittsgeld von einem Penny auszahlen mussten. In den Häusern erwarteten den Gast dann jedoch nicht nur ein Kaffee, sondern auch Gesellschaft, diverse Diskussionsrunden, Zeitungen, Flugblätter, Bulletins oder auch neueste Gerüchte. Bemerkenswert daran ist auch, dass gerade zu einer Zeit, in der die gesellschaftliche Stellung von Herkunft und Besitz abhing, die Coffee-Houses ein Schmelztiegel der diversen sozialen Schichten waren und eine Gegenkultur zur standesbewussten englischen Gesellschaft bildeten, denn jedem, der sich den Betrag von einem Penny leisten konnte, war der Zutritt möglich. Zum Preis einer Tasse Kaffee

erhielt man zusätzlich Wissen, wodurch die Liberalisierung der Bildung und der Informationskanäle ohne Gewalt oder Aufstände eingeleitet wurde. In London kam es außerdem zu einer Innovation von Weltrang, denn die erste Versicherung wurde als Geschäftsidee im gegen Ende des 17. Jahrhunderts gegründeten Londoner Kaffeehaus Lloyd's abgeschlossen, dem heutigen gleichnamigen internationalen Versicherungsmarkt. Das Lokal wurde von Edward Lloyd gegründet und war Treffpunkt für Geschäftsleute – hier entwickelte sich ursprünglich der Handel mit Versicherungen im Bereich der Schifffahrt, um die Ladungen aus den Kolonien gegen Havarie zu versichern. Des Weiteren waren Londoner Cafés Sitz von Redaktionen. Die 1709 entstandene literarische Zeitschrift Tatler oder die 1711 gegründete Tageszeitung Spectator beispielsweise wurden vom Politiker und Journalisten Joseph Addison und dem Schriftsteller Sir Richard Steele ins Leben gerufen und entstanden maßgeblich im Button's Coffee-House. Dadurch erfuhr das Handwerk des Pressebetriebs einen Aufschwung, und das Kaffeehaus stellte eine Plattform für die Verbreitung gedruckter Nachrichten und veröffentlichter Meinungen bereit.
Politik wurde auch und insbesondere in den Pariser Cafés des 17. und 18. Jahrhunderts betrieben. Wer heute eines der ältesten, noch bestehenden Kaffeehäuser Europas betritt, das vom gebürtigen Sizilianer Procopio dei Coltelli gegründete Café Procope (1686) im Pariser Quartier Latin, spürt vielleicht noch die Aura eines solch geschichtsträchtigen Ortes, der durch seine prominenten Besucher – Diderot, Voltaire, Rousseau, Hugo und Balzac dürften hier nur die bekanntesten Namen sein – und ihre Gewohnheiten erstmals zu einem der ersten typischen Literaten-Cafés wurde. Das Procope wurde ein beliebtes Stammcafé der Pariser Gesellschaft und war bald das prominenteste Diskussionsforum der Stadt. Gerade für die politischen Verhältnisse im Frankreich des 18. Jahrhunderts war dies ein nicht zu unterschätzender Einfluss, entwickelte sich doch gerade in dieser Zeit an den Stammtischen eine politische Opposition, die für die gesellschaftlichen Entwicklungen von historischer Bedeutung

waren. Nicht zu vergessen ist auch, dass Künstler- und Literatencafés für viele Kunstschaffende die Möglichkeit zum Austausch und auch zur Gründung von Gruppen boten, denn oftmals wurden sogar bestimmte Kaffeehäuser bestimmten Künstlerkreisen zugeordnet. Hier gab es auch die Möglichkeit für Neuankömmlinge, Kontakte aufzubauen, für Kunstschaffende Mäzene, Gönner oder Käufer zu finden. Und auch hier fand eine Art der Popularisierung der Geisteskultur statt, die bis dahin einzig den höfischen und adligen Zirkeln zugänglich war, denn das Wissen, die öffentliche Debatte und die Lese- und Geschäftskultur verlagerte sich in öffentliche Räume und eröffnete so unabhängig von Stand und Herkunft die Möglichkeit der Beteiligung, da es sich um neutralen Boden handelte. Paris hat auch im 19. Jahrhundert diese besondere Tradition bewahrt. Impressionen der sogenannten Café-Concerts, wie sie in Bildern von Edgar Degas oder Édouard Manet festgehalten wurden, zeigen eine neue Tendenz der Unterhaltung für das Mittel- und Kleinbürgertum. Hier wurden Musik, Gesang, Sketche und Kabarett in einer Art zelebriert, die einen zunehmend subversiven Charakter annahm und deren dargebotene Inhalte oftmals gesellschafts- und politikkritisch waren. Zwar waren die Café-Concerts (auch vereinfachend Caf'Conc genannt) eher Varietés denn klassische Kaffeehäuser, doch zählten sie letztendlich auch zu ähnlichen Etablissements, die Mittelpunkte des kulturellen Lebens waren.

Die bedeutendsten Szenetreffpunkte der Avantgarde waren Anfang des 20. Jahrhunderts in Paris ohne Zweifel die Cafés und Bars von Montparnasse. Die bekanntesten Kaffeehausnamen sind Le Dôme, La Closerie des Lilas, Café de Flore, Le Select und natürlich auch Les Deux Magots. Dies sind weltbekannte Orte, an denen Maler wie Modigliani, Picasso oder Matisse und Schriftsteller wie Ernest Hemingway oder Gertrude Stein zu Gast waren. Vorteilhaft für mittellose Künstler waren sie auch deshalb, da man mit wenig Geld für einen ganzen Abend einen Tisch reservieren konnte, und verarmte Maler häufig Bilder als Pfand bei den Wirten hinterlegen durften. Zahlreiche Cafés kamen so aufgrund der Notlage der Künstler zu einer Sammlung von Bildern, die heute einen hohen Wert haben.

Spricht man über die Kaffeehäuser Europas, so gibt es eine Stadt, deren Name geradezu exemplarisch für diese Tradition steht: Wien. Hier kann man noch oft distinguierte Rituale und einen speziellen Habitus des Personals und der Besucher beobachten, der signalisiert, dass an einem solchen Ort eine besondere Umgangsweise gepflegt wird. 1685 wurde in Wien das erste Café von einem Griechen namens Johannes Theodat in seinem Wohnhaus am Haarmarkt eröffnet. Nicht nur für die Entwicklung von Kunst und Literatur war dieses Ereignis wegweisend, sondern auch, weil hier zunächst ein warmer Platz zur Verfügung gestellt und ein exotisches Getränk angeboten wurde, das auf reges Interesse stieß und das Café zu einer Art zweiten Wohnstube werden ließ, in welcher sogar die Post zugestellt wurde. Es ist übrigens bis heute durchaus nicht ungewöhnlich, wenn Kunden viele Stunden bei einem Kaffee die vorhandenen Zeitungen studieren.

Wien war das Zentrum der sogenannten Kaffeehausliteratur, die Ende des 19. und Anfang des 20. Jahrhunderts ihre Blütezeit erlebte. Der Kaffee und seine Etablissements fanden hier einen dermaßen großen Zuspruch, dass man um 1900 bis zu 600 Kaffeehäuser verzeichnen konnte. Unter ihnen wären einige zu nennen, so beispielsweise das Café Griensteidl, das im späten 19. Jahrhundert schnell zu einem prominenten Versammlungsort für Literaten wurde und wo man Persönlichkeiten wie Peter Altenberg, Stefan Zweig oder Arthur Schnitzler den Kaffee servierte, aber auch Vertreter der Gruppe „Jung-Wien" oder wichtige Protagonisten der Arbeiterbewegung zu den Gästen zählte. Ebenso das berühmte Café Central, in welchem Karl Kraus oder auch der Philosoph und Kulturwissenschaftler Egon Friedell Stammgäste waren. Hier war in jener Zeit die besondere Atmosphäre intellektuellen und künstlerischen Schaffens auf ihrem Höhepunkt angelangt. Im Wien der Nachkriegszeit waren

es dann Häuser wie das Café Hawelka, in welchem die Wiener Bohème und Avantgarde zusammenkam.
Auch in Prag blühte in der Zeit zwischen Belle Époque und dem Zweiten Weltkrieg eine besondere Kaffeehauskultur, die sowohl eine kulinarische als auch eine soziale Funktion erfüllte. Besonders das literarische Prag an der Schwelle zum 20. Jahrhundert ist ohne die Cafés, deren Besuch nahezu Symbol und Ausdruck einer bestimmten Lebensform war, nicht zu verstehen, denn als Künstler und Bohemien bestand eine unausgesprochene Pflicht, Präsenz zu zeigen, sei es auch nur, um Schach oder Billard zu spielen. Dabei wurden viele Häuser selbst Gegenstand des Schreibens, wie zum Beispiel das bekannte 1884 eröffnete Künstlercafé Slavia am Ufer der Moldau, dem der Nobelpreisträger Jaroslav Seifert ein Gedicht widmete und das auch in Novellen von Rainer Maria Rilke eine Rolle spielt. Später hatte Václav Havel hier einen Dissidenten-Stammtisch. Aufgrund seiner günstigen Lage gegenüber dem Nationaltheater wurde es zudem nicht nur vom Theaterpublikum, sondern ebenso von den Schauspielern des Theaterensembles besucht. Genannt werden muss auch das Café Arco, denn hier traf sich der berühmte Prager Kreis, jene Gruppe deutschsprachiger Schriftsteller, der sich Protagonisten der Weltliteratur wie Franz Kafka, Franz Werfel oder auch Rilke anschlossen. Wie auch in den anderen europäischen Metropolen waren die Kaffeehäuser in der tschechischen Hauptstadt Informationszentren, denn hier – in den sogenannten Lesecafés – fanden Besucher eine meist große Auswahl an nationalen und internationalen Tageszeitungen und Zeitschriften. Auch für Künstler war dies der Ort, sich über die neuesten Entwicklungen in der Kunstszene zu informieren und in bestimmten Kreisen Anschluss zu finden, richtete sich doch der melancholische Blick der jungen Prager Avantgarde nach Paris als dem vermeintlichen Dreh- und Angelpunkt der Kunstwelt, über die bei Gelegenheit Reisende zu berichten wussten. So wurden das Slavia, das Arco, das Metro, das Central oder das Continental für viele gewissermaßen zu einer zweiten Heimat. Auch waren sie ein Treffpunkt für deutsche antifaschistische Emigranten, die in den 30er Jahren nach der Machtübernahme Hitlers in Prag eine Zuflucht fanden – bekannt dafür waren das Café Boulevard oder das Café Luxor. Leider sind viele der großen Kaffeehäuser heute nicht mehr existent, oder in ihren Räumen wurden andere Geschäfte eröffnet.
Obwohl sich zahlreiche historische Kaffeehäuser der Modernisierung im 20. Jahrhundert nicht entziehen konnten, gibt es doch immer noch viele unter ihnen, die den Geist dieser Tradition bewahrt haben. Als Gast kann man häufig noch etwas von der Atmosphäre erahnen, die zu ihren Hochzeiten geherrscht haben muss, denn oft wird noch auf eine liebevolle Pflege des authentischen Interieurs geachtet und typische Gepflogenheiten beibehalten. Jenseits von den auf Modernität und schnellen Konsum getrimmten Kaffeebars findet sich noch heute in manchen Häusern jene nostalgische Aura, manchmal in touristisch erschlossenen Gegenden, manchmal jedoch in Vierteln, die nur Kennern bekannt sind. Es sind Künstlercafés, Konzertcafés, gutbürgerliche Konditoreien oder Spielercafés, deren Geschichte zweifellos auch ein Teil der sozialkulturellen Entwicklung Europas ist – eine Bedeutung, die ihnen heute abhandengekommen ist. Die Medienlandschaft und das Zeitalter des Internets haben das Café als Informationsbörse und Ort des Austausches längst obsolet werden lassen. Dennoch ist ihnen eines geblieben: Sie sind nach wie vor Orte des Rückzugs, die es erlauben, das soziale Geschehen und die alltäglichen menschlichen Komödien zu beobachten, wo man mit der Tasse Kaffee, die man serviert bekommt, auch das Recht auf Gelassenheit erhält. Das vorliegende Buch versammelt Eindrücke von diesen historischen Stätten und lässt ein Ambiente erkennen, das nach wie vor in den großen oder traditionellen Häusern existiert. Fernab von Ketten und sogenannten Lounge-Bars, deren Erscheinung Ausdruck eines temporären Zeitgeistes ist, dokumentieren die hier versammelten Eindrücke eine Gegenkultur, die sich von flüchtigen Trends unbeeindruckt zeigt.

Grand Café-Restaurant 1e Klas

Das Café-Restaurant befindet sich im Amsterdamer Hauptbahnhof und war die ehemalige Wartehalle für Passagiere der ersten Klasse. Das Interieur wurde seit der Gründung nicht modernisiert und ist als Original-Einrichtung erhalten geblieben. Das gesamte Gebäude wurde vom Architekten Pierre Cuypers erbaut und steht heute unter Denkmalschutz.

EETZAMER
COURANT

Grand Café Americain

Das Eden Amsterdam American Hotel ist ein im Nouveau Art-Stil gehaltenes Gebäude, das um 1900 erbaut wurde. Das zum Hotel gehörige Grand Café Americain besitzt schöne Buntglasfenster und eine ungewöhnliche Gewölbedecke mit Tiffany-Lampen. Der Blick fällt durch großzügige Fassadenfenster direkt auf den lebhaften Leidsplein im Zentrum der Stadt. Für Interessierte wird ein Tisch mit vielen nationalen und internationalen Zeitungen bereitgestellt.

Café Dante

Im typischen Art Deco-Stil eingerichtet ist dieses Café ein beliebter Treffpunkt für Aktienhändler und Geschäftsleute. Über dem Café befindet sich im ersten Stock eine Galerie, wo Werke von Herman Brood ausgestellt werden.

FREAK
BF

DE KROON
Royal Café
Restaurant
STUDIO 80
WKND

Café Hoppe

Das Amsterdamer Café Hoppe, eröffnet 1670, ist eines der ältesten Lokale der Stadt.

Café Luxembourg

Eine typische Amsterdamer Institution sind die so genannten „braunen Cafés", die ihren Namen insbesondere aufgrund ihrer reichen Holzverkleidung tragen. Ein Beispiel hierfür ist das Café Luxembourg, das von der New York Times schon als „One of the world's great cafés" betitelt wurde.

Café Oosterling

Seit 1820 existiert diese Café-Bar mit einer sehr alten und nostalgisch wirkenden Einrichtung. Das Gebäude selbst ist fast 100 Jahre älter und war in den 30er Jahren des 18. Jahrhunderts im Besitz der holländischen Ostindien-Kompanie. Hier wurden ursprünglich Kolonialwaren wie Kaffee, Tee und Gewürze verkauft. Der Familienbetrieb wird von der vierten Generation geführt.

OUDE
KLARE
ECHTE
BEREN-
BURGER
GOUDA

Café Promenade

Das 1833 erbaute Kaffeehaus in der alten Burgwache in der Nähe des Doms diente ursprünglich der Einhebung von Zöllen, bevor Besucher die Stadt betreten durften. Seither wurde das Gebäude mehrmals renoviert und umgestaltet.

Café Traxlmayr

Das Café Traxlmayr in Linz, das in verschiedenen literarischen Werken als Schauplatz erwähnt wird, gilt als ein traditionelles Wiener Kaffeehaus alter Schule. Es wurde 1838 vom Cafetier Josef Hartl gegründet. Durch Heirat seiner Tochter mit Josef Traxlmayr ging das Kaffeehaus in den Besitz dessen Familie über und behielt seither diesen Namen. Anfang des 20. Jahrhunderts wurden die Räumlichkeiten um einen Pavillon erweitert.

Café Bazar

Das Café Bazar im Zentrum der Kultur- und Festspielstadt Salzburg ist ein renommiertes Kaffeehaus, das schon zahlreiche prominente Gäste aus Literatur, Kunst und Film empfangen hat. Zu Anfang des 20. Jahrhunderts befand sich in dem Ende des 19. Jahrhundert erbauten Gebäude an der Salzach eine Geschäftszeile, weshalb es „Bazargebäude“ genannt wurde. Eröffnet wurde das Café 1909 von Richard Tomaselli.

Café-Konditorei Schatz

Die Café-Konditorei Schatz befindet sich in unmittelbarer Nähe zu Mozarts Geburtshaus in einem sogenannten Durchhaus zwischen Getreidegasse und Grünmarkt. Seit 1877 besteht die von Carl Schatz gegründete Konditorei, die als eine der kleinsten von Salzburg gilt und in einem Raum mit gotischem Gewölbe untergebracht ist.

Café Tomaselli

Das Café Tomaselli am alten Markt mitten im historischen Zentrum von Salzburg ist das älteste noch betriebene Kaffeehaus Österreichs. 1700 erhielt Johann Fontaine die Genehmigung, den ersten Kaffeeausschank in Salzburg zu eröffnen. Später übernahm Anton Staiger die Lizenz und eröffnete 1764 ein gehobenes Kaffeehaus am heutigen Standpunkt. Mitte des 19. Jahrhunderts übernahm dann der Zuckerbäcker Carl Tomaselli das Café.

Café Museum

Das Interieur wurde 1899 von Adolf Loos gestaltet, der bewusst eine klare und einfache Inneneinrichtung mit edlen Materialien ohne dekoratives Beiwerk vorzog, weshalb das Café aufgrund seiner spartanischen Einrichtung recht bald den Beinamen „Café Nihilismus“ erhielt. Nachdem Anfang des 20. Jahrhunderts die Innenausstattung verändert wurde, besann man sich 2003 wieder auf die gestalterischen Ursprünge und rekonstruierte das Café anhand von historischem Bildmaterial und Dokumenten.

Café Restaurant Bräunerhof

Das Café Bräunerhof war einstiger Stammplatz von Thomas Bernhard und bietet eine große Auswahl an nationaler und internationaler Presse an.

Café Central

Das Café Central ist eines der bekanntesten Kaffeehäuser Wiens. Es befindet sich im Ersten Bezirk in einem ehemaligen Bank- und Börsengebäude, das nach seinem Architekten Heinrich von Ferstel „Palais Ferstel" benannt wurde. 1868 eröffnet, wurde es nach der Schließung des Café Griensteidl zu einem wichtigen Ort des geistigen Lebens in Wien. Viele Zeitungen und Nachschlagewerke standen den Gästen zur Verfügung. Nachdem es Ende des zweiten Weltkrieges vorübergehend geschlossen wurde, folgte 1975 die Wiedereröffnung. In den 80er Jahren zeichnete der ORF hier regelmäßig eine Diskussionssendung auf.

TELEFON

K. u. K. Hofzuckerbäcker Ch. Demel's Söhne GmbH

Das Café Demel war einst k.u.k. Hofzuckerbäcker und führt diesen Titel noch heute. Gegründet wurde das Haus 1786 vom Zuckerbäckergehilfen Ludwig Dehne aus Württemberg, dessen Sohn 1857 den Betrieb an den ersten Gehilfen Christoph Demel verkaufte. Die Konditorei, deren guter Ruf bis ins Ausland reichte, wurde zum Hofliferant ernannt. 1888 zog das Haus in das Palais am Kohlmarkt um.

Café Frauenhuber

Das traditionsreiche Kaffeehaus ist eines der ältesten der Stadt und gilt als das älteste, bis heute durchgehend betriebene Wiener Kaffeehaus. Hier befand sich Anfang des 14. Jahrhunderts die so genannte „Badestube bei der Himmelpforten". 1720 wurde ein Barockhaus errichtet, in welchem der Koch und Hoftraiteur Ignaz Jahn Ende des 18. Jahrhunderts ein Nobelrestaurant eröffnete. Wolfgang Amadeus Mozart und Ludwig van Beethoven spielten hier persönlich Konzerte. 1824 wurde nach dem Verkauf des Hauses erstmals ein Café eröffnet, welches im Laufe der Jahre mehrmals Namen und Besitzer wechselte und schließlich ab 1891 dem Namen Café Frauenhuber erhielt.

Café Griensteidl

Das Café Griensteidl war im späten 19. Jahrhundert ein berühmtes Künstlerlokal. Das Kaffeehaus, auch bekannt als ‚Café Größenwahn“, befand sich einst am Michaelisplatz im Palais Dietrichstein gegenüber dem alten Burgtheater und der Hofburg. 1847 wurde das Café von dem vormaligen Apotheker Heinrich Griensteidl eröffnet und entwickelte sich rasch zu einem Treffpunkt der Wiener Literaten, stadtbekannter Persönlichkeiten, Protagonisten der Arbeiterbewegung und der Autoren des Jung-Wien. Ende des 19. Jahrhunderts wurde das Gebäude am Michaelisplatz abgerissen. 1990 wurde dann in dem nach dem Abriss erbauten Gebäude wieder ein gleichnamiges Café eröffnet.

FÜR ABHANDENGEKOMMENE
GARDEROBE
KEINE HAFTUNG
GEGENWARTS
KUNST!
Die Presse

Café Hawelka

Das Café Hawelka im Zentrum der Stadt zählt zu den legendärsten Künstlercafés Österreichs. Es wurde 1939 von Leopold und Josefine Hawelka eröffnet, die zuvor das Café Alt Wien betrieben hatten. In den 50er Jahren entwickelte es sich zu einem beliebten Treffpunkt für Schriftsteller, Kritiker und Künstler. Das Café befindet sich noch heute im Familienbesitz. Eine Besonderheit der Räumlichkeiten ist eine unveränderte Innenausstattung, damals entworfen von einem Schüler des Jugendstilarchitekten Adolf Loos. Eine Wand des Cafés ist zudem zur Ankündigung der aktuellen Ausstellungen, Lesungen und Konzerte reserviert, andere Wände zeigen Hawelkas Sammlung von Bildern seiner Gäste.

Kleines Café

Das Café wurde 1970 von dem österreichischen Schauspieler Hanno Pöschl gegründet und war einer der ersten Künstler-Szenetreffs der Stadt.

Café Landtmann

1873 eröffnete Franz Landtmann im Erdgeschoss des Palais Lieben-Auspitz neben dem Burgtheater Wiens größtes Kaffeehaus. Nach einer kompletten Renovierung 1929 erhielt das Café die heute unter Denkmalschutz stehende Innenausstattung. Im Untergeschoss befindet sich seit 1953 die Kleinbühne „Die Tribüne“. Im Dezember 2003 war hier der letzte Arbeitstag des legendären Oberkellners und Wiener Originals Robert Böck, der 30 Jahre lang für das Café Landtmann gearbeitet hatte.

Café Schwarzenberg

1861 wurde das Café Schwarzenberg als heute ältestes Ringstraßencafé vom Ehepaar Hochleitner eröffnet. Heute finden hier regelmäßig Lesungen und Konzertabende statt, ebenso sind Ausstellungen zu sehen.

Café Sperl

Das Café Sperl ist ein denkmalgeschütztes Wiener Kaffeehaus im 6. Wiener Gemeindebezirk Mariahilf. Die Inneneinrichtung des 1880 eröffneten Cafés wurde von den Architekten Wilhelm Jelinek und Anton Groß ausgeführt. Das ursprünglich 1880 gegründete Café Ronacher wurde im selben Jahr vom Besitzer an die Familie Sperl verkauft und seither unter diesem Namen geführt. 1983 renovierte man den Innenraum unter Berücksichtigung des denkmalgeschützten Inventars.

Café Tirolerhof

Das Café Tirolerhof, gegründet 1900, ist ein typisches Wiener Kaffeehaus im alten Stil. Anlässlich einer grundlegenden Renovierung 1990 wurde die Hilfe eines Kunsthistorikers hinzugezogen, um ein möglichst authentisches Interieur zu ermöglichen.

CAMELOT

Objazd
do Rynku Gł.
Intro

OKOCIM
OKOCIM
COHIBA

Café Noworolski

Das Café Noworolski befindet sich im Gebäude der Tuchhallen, einem Renaissancebau in der Krakauer Altstadt. Mit seinem stilvollen Interieur und den mit zahlreichen Ornamenten dekorieren Wänden zählt das Noworolski zu den schönsten Kaffeehäusern in Krakau. Der Besucher blickt auf den Rynec Glówny, den großen Hauptmarkt, und auf die Türme der gotischen Marienkirche.

Café Santa Cruz

Das Café neben dem Rathaus in der Altstadt von Coimbra über dem Rio Mondego wurde in der ehemaligen Sakristei der Kirche Santa Cruz aus dem 16. Jahrhundert eingerichtet.

Café a Brasileira

Das Café a Brasileira gehört zu den ältesten und bekanntesten Häusern in ganz Portugal. 1905 wurde es von Andiano Telles im Art Déco-Stil eröffnet, und der Besitzer gab damals jedem Kunden, der mindestens ein Kilogramm seines Kaffees abkaufte, eine Tasse gratis dazu. Eine Skulptur von Lagoa Henriques, die den Poeten Fernando Pessoa darstellt, erinnert am Eingang an den berühmten Stammgast. In früheren Zeiten wurde Malern gestattet, ihre Werke hier auszustellen.

Café Nicola

Das traditionsreiche Café Nicola in Lissabon war zu Beginn der 80er Jahre des 19. Jahrhunderts Treffpunkt von Schriftstellern und Politikern. Von Anfang an wollten die Besitzer des Cafés ihre eigene Kaffeemischung anbieten. Dafür wurden Kaffeebohnen aus Brasilien und São Tomé e Príncipe von Spezialunternehmen geröstet und unter dem Namen Nicola vertrieben. Der Kaffee wird mittlerweile in ganz Portugal verkauft.

Café Majestic

Mitten in der Altstadt von Porto, die seit 1996 als Weltkulturerbe der UNESCO eingetragen ist, befindet sich an der Flanierstraße Santa Catharina das Café Majestic, ehemals genannt Café Elite. Es wurde 1921 vom Architekten Joao Queirós erbaut und entwickelte sich schnell zu einem Ort, wo sich die Aristokratie und Bohème der Stadt einfand – es hat heute den Status eines Nationaldenkmals. Der Raum des Cafés ist mit indischem Marmor ausgelegt, Gipsdecken, große Spiegel und mit dunklem Leder bezogene Stühle erzeugen ein angenehmes Ambiente.

Café-Bar Odeon

Im mehrstöckigen Gebäude mit Tuffsteinfassade wurde 1911 das Grand Café Odeon mit eigener Konditorei und einem Billardraum eingeweiht. Das Interieur ist gemäß dem Jugendstil mit Kronleuchtern, Messingverkleidungen und Marmor an den Wänden versehen. Hier waren weltberühmte Vertreter aus Kunst, Literatur und Wissenschaft Gäste; in der Zeit bis zum Ersten Weltkrieg hatte das Café sogar durchgehend geöffnet.

Café-Conditorei Schober

Die Eröffnung eines „Süsskramladens“ in dem heute denkmalgeschützten Gebäude ereignete sich 1842. Ursprünglich von Johan Georg Eberle gegründet, wurde das Geschäft 1874 dann vom Konditor Theodor Schober übernommen. 16 Jahre nach der Übernahme wurde das Geschäft umgestaltet und das Erscheinungsbild im Neobarock-Stil ist bis heute unverändert geblieben. Schober entwickelte 1880 einen Backofen, der mit Kohle betrieben und mehrfach prämiert wurde. Später baute er sogar den ersten elektrischen Backofen der Schweiz. 1909 übernahm der Sohn Schobers nach langen Wanderjahren den Betrieb.

H. SCHWARZENBA
DETAIL
MI GROS
www.schwarzenbach.ch
Caramel
au beurre salé
feinstes
Glarner Birnbrot

Teecafé Schwarzenbach

Das Kolonialwarengeschäft Schwarzenbach gehört zu den ältesten Ladengeschäften Zürichs. Hier gibt es heute neben einem Spezialitätengeschäft auch eine hauseigene Kaffeerösterei.

Café Sprüngli

Den Grundstein für die Konditorei legte 1836 David Sprüngli mit einem Geschäft an der Züricher Marktgasse. 1859 wurde dann eine Konfiserie an der Bahnhofstraße eröffnet, deren Räume Anfang des 20. Jahrhunderts im Jugendstil umgebaut wurden. 2006 feierte die Konfiserie ihr 170-jähriges Jubiläum.

UNION
KAVARNA

Cafè de l'Òpera

Das bekannte Lokal befindet sich an der Stelle der früheren Stadtmauer in der Rambla Barcelonas. War es zunächst eine Art Gasthof, wurde es Mitte des 19. Jahrhunderts in eine stadtbekannte Chocolaterie ganz im Stil der Wiener Cafés umgewandelt, in welchem die Wände mit feinem Tafelholz, Glasschmuck und klassischen Gemälden verziert wurden. Heute sind davon nur noch einige Spiegel und Spuren der früheren Dekoration erhalten. Später wurde das Cafè de l'Òpera zu einem Café-Restaurant und zählte zu den nobelsten Lokalen ganz Barcelonas. Ende 1928 wechselten erneut die Besitzer, und diese richteten es ganz im Zuge der Epoche im Jugendstil ein, allerdings mit neoklassizistischen Nuancen. Nach einer Restaurierung zählt es heute zum historischen und kulturellen Erbe der Stadt.

BRANDY

Café Comercial

Das älteste Kaffeehaus in Madrid aus den 1880er Jahren ist seit seiner Eröffnung ein Familienbetrieb.

Café de Oriente

Vom Café de Oriente aus, dessen Name sich von der anliegenden Plaza de Oriente ableitet, hat der Besucher einen direkten Blick auf den Königspalast. Die Inneneinrichtung ist im typischen Wiener Kaffeehaus-Stil gehalten.

PRIVADO

Café Gijón

Das Café Gijón ist eine Institution unter den Kaffeehäusern Madrids. Bis heute wird hier der für die Stadt typische Brauch der literarischen Gesprächsrunden, genannt „Tertulia“, gepflegt und sogar ein eigener Literaturpreis, der „Premio Café Gijón“, verliehen. Der Nobelpreisträger Camilo José Cela porträtierte das Café in seinem bekannten Roman „La Colmena“ (Der Bienenkorb).

LODEIRO
LA NOCHE DEL TAMARINDO

Měšťanská beseda

Das Bürgervereinshaus wurde 1871 erbaut und war das Zentrum des kulturellen und gesellschaftlichen Lebens der tschechischen Bevölkerungsschicht der Stadt. Im Gebäude befinden sich auch ein Kino und Konferenzräume.

Café im Grand Hotel Europa

Das Grand Hotel Europa am Wenzelsplatz gilt als das monumentalste Jugendstilgebäude von Prag. Es wurde 1889 nach den Plänen des Architekten Quidon Belsky für seinen damaligen Besitzer Vilem Hauner errichtet und 1903, da das Gebäude ursprünglich zwei Hotels einschloss, grundlegend umgebaut und vereinheitlicht. Auffällig sind die Jugendstilfassade und die Stirngiebel des Hauptgebäudes. Im zum Hotel gehörigen Café wurde durch das Jugendstil-Interieur das alte Ambiente und damit die nostalgische Aura erhalten.

Café Louvre

Das Café Louvre zählt auch heute noch zu den schönsten Kaffeehäusern von Prag. 1902 gegründet, wurde es nach dem Zweiten Weltkrieg geschlossen und 1992 in verkleinerter Form wieder eröffnet. Vom Café getrennt befindet sich nebenan ein Speiselokal. Die Inneneinrichtung wurde zur Wiedereröffnung anhand erhaltener Dokumente, unter anderem mit der Einrichtung eines Billardzimmers, im alten Stil gestaltet.

Kavárna Obecní Dum (Café im Gemeindehaus)

Das beeindruckende Gemeindehaus, in welchem sich ein Café befindet, steht ganz im Zeichen des klassichen Prager Jugenstils. Das Repräsentationsgebäude steht an historisch bedeutsamer Stelle, denn ab dem 14. Jahrhundert befand sich dort der Königshof. Im 20. Jahrhundert musste dieser jedoch dem Gemeindehaus weichen, das Raum für Kultur und Erholung zur Verfügung stellen sollte und eine repräsentative Funktion einnahm. Am 28. Oktober 1918 wurde hier sogar die Unabhängigkeit der Tschechoslowakei proklamiert.

Grand Café Orient

Nach fast 80 Jahren wurde im Jahr 2005 das Grand Café Orient im ersten Stock des Hauses „Zur schwarzen Mutter Gottes“ wiedereröffnet. Das Haus, das von 1911 bis 1912 vom Architekten Josef Gočár erbaut wurde, zählt zu den wichtigsten Repräsentanten des tschechischen Kubismus – Grundriss, Fassade und Inneneinrichtung des Gebäudes wurden streng nach kubistischen Maßstäben geplant. Nachdem es 1925 umgebaut wurde, bezog zunächst eine Bank die Räumlichkeiten und das dort befindliche Café wurde geschlossen, da man den Stil als nicht zeitgemäß erachtete. Für die Neueröffnung orientierte man sich dann an alten Fotos und Skizzen, um der originalgetreuen Reproduktion der Inneneinrichtung so nahe wie möglich zu kommen.

Café Slavia

Das legendäre Café Slavia mit einem im Stil der 30er Jahre restaurierten Interieur am Ufer der Moldau und in unmittelbarer Nachbarschaft zum Nationaltheater war zu Anfang des 20. Jahrhunderts ein kulturelles Zentrum und Treffpunkt für zahlreiche Schriftsteller. Es wurde 1884 eröffnet und in Gedichten, Romanen und Novellen verewigt.

Central Café

Im Zentrum von Budapest liegt der ehemals beliebte Treffpunkt der Intellektuellen der Stadt. Das Café öffnete 1887 seine Türen.

Café Gerbeaud

Das Café Gerbeaud ist eines der größten und traditionsreichsten Kaffeehäuser in Europa und war während der österreichisch-ungarischen Monarchie ein Hoflieferant. Die Einrichtung im Stil der Gründerzeit mit Stuck im Rokoko-Stil, großen Kronleuchtern und dem Mobiliar aus Edelhölzern ist sehr gut erhalten geblieben. 1858 wurde es von Henrik Kugler gegründet, der das Haus schnell zu einem renommierten Ort für Kaffee und Konditoreiwaren machte. Eine Besonderheit war zudem, dass Kunden erstmals die Waren gut verpackt auch mit nach Hause nehmen konnten. 1884 machte Henrik Kugler Emil Gerbeaud, der einer Konditorfamilie entstammte, zu seinem Geschäftspartner. Gerbeaud erweiterte das Angebot und das Geschäft expandierte zu einem international bekannten Unternehmen. Nachdem zwischenzeitlich der Name wechselte, kaufte 1995 schließlich der deutsche Geschäftsmann Erwin Franz Müller das Café und renovierte es von Grund auf, so dass es heute wieder im ursprünglichen Stil erscheint.

Belgien

Mokafe
Galerie du Roi 9
1000 Bruxelles

Le Cirio
18, rue de la Bourse
1000 Bruxelles

Le Falstaff
17–21, Rue Henri Maus
1000 Bruxelles

Café Metropole
Place de Brouckère 31
1000 Bruxelles
www.metropolehotel.com

Deutschland

Café Einstein Stammhaus
Kurfürstenstraße 58
10785 Berlin
www.cafeeinstein.com

Café Einstein Unter den Linden
Unter den Linden 42
10117 Berlin
www.einsteinudl.com

Café Opernpalais
Unter den Linden 5
10117 Berlin
www.opernpalais.de

Italienisches Dörfchen
Theaterplatz 3
01067 Dresden
www.italienisches-doerfchen.de

Milchladen
Dresdner Molkerei Gebrüder Pfund GmbH
Bautzner Straße 79
01099 Dresden
www.pfunds.de

Wacker's Kaffee Geschäft GmbH
Stammhaus
Kornmarkt 9
60311 Frankfurt am Main

Konditorei Café Lindtner
Eppendorfer Landstraße 88
20249 Hamburg
www.konditorei-lindtner.de

Literaturhaus Café Hamburg GmbH
Schwanenwik 38
22087 Hamburg
www.literaturhauscafe.de

Café Paris Hamburg
Rathausstrasse 4
20099 Hamburg
www.cafeparis.net

Zum Arabischen Coffe Baum
Kleine Fleischergasse 4
04109 Leipzig
www.coffe-baum.de

Kaffeehaus Riquet
Schuhmachergäßchen 1
04109 Leipzig
www.riquethaus.de

Café Grundmann
August-Bebel-Straße 2
04275 Leipzig
www.cafe-grundmann.de

Bar Centrale
Ledererstraße 23
80331 Altstadt-Lehel, München
www.bar-centrale.com

Conditorei-Café Hag
Confiserie Rottenhöfer
Residenzstraße 25–26
80333 München
www.rottenhoefer.de

Opern-Espresso GmbH
Maximilianstraße 6
80539 München

Schuhbecks Orlando
Platzl 6+8
80331 München
www schuhbeck.de

Luigi Tambosi am Hofgarten
Odeonsplatz 18
80539 München

Café Prag
Schloßstraße 17
19053 Schwerin
www.restaurant-cafe-prag.de

Frankreich

Le Grand Café
49, place d'Allier
03000 Moulins

Les Deux Magots
6 place Saint-Germain-des-Prés
75006 Paris
www.lesdeuxmagots.fr

Café de Flore
172 bd St Germain
75006 Paris
www.cafe-de-flore.com

La Closerie des Lilas
171 Bld Montparnasse
75006 Paris
www.closeriedeslilas.fr

Le Procope
13 rue de l'Ancienne Comédie
75006 Paris
www.procope.com

La Rotonde
Boulevard Montparnasse 105
75006 Paris

Italien

Ristorante Caffè Nazionale
Piazza Chanoux, 9
11100 Aosta

Caffè del Costanti
Piazza San Francesco 19/20
52100 Arezzo

Caffè Meletti
via del Trivio n. 56
63100 Ascoli Piceno
www.caffemeletti.com

Pasticceria Bar Cavour
Via Gombito, 7/A
24129 Bergamo

Caffè del Tasso
Piazza Vecchia, 2
24129 Bergamo
www.caffedeltasso.it

Caffè Pasticceria Gilli
Via Roma 1/R
50123 Firenze
www.gilli.it

Gran Caffè Giubbe Rosse
Piazza della Repubblica 13/14r
50123 – Firenze
www.giubberosse.it

Caffè Paszkowski
Piazza della Repubblica 6R
50123 Firenze
www.paszkowski.it

Antico Caffè di Simo
Via Fillungo 58
55100 Lucca
www.caffedisimo.it

Pasticceria Confetteria Cova
Via Montenapoleone, 8
20121 Milano
www.cova.biz

Caffè Zucca in Galleria
Piazza Duomo, 21
20121 Milano
www.caffemiani.it

Caffè Giusti
Via Farini Luigi Carlo,71
41100 Modena

Caffè Fiaschetteria Italiana
Piazza del Popolo, 6
Montalcino (Siena)
www.caffefiaschetteriaitaliana.com

Caffè Tettuccio
Via della Torretta, 1
51016 Montecatini Terme (PT)

Caffè Pedrocchi
Via Otto Febbraio, 15
35122, Padova (PD)
www.caffepedrocchi.it

Pasticceria Sandri
Corso Vannucci, 32
06123 Perugia
www.pasticceriasandri.it

Bar Duomo
Via Santa Maria 114,
56100 Pisa

Caffè Pasticceria Valiani
Via Cavour 55
51100 Pistoia

Antico Caffè Greco
Via Condotti 86
00187 Roma

Caffè Tazza d'Oro
Via degli Orfani 84
00186 Rom
www.tazzadoro.it

Caffè Grande Italia
Piazza Giosuè Carducci 24
25019 Sirmione

Caffè degli Specchi
Piazza Unità d'Italia, 7
34121 Trieste
www.caffespecchi.it

Caffè San Marco
Via Battisti 18
34124 Trieste

Caffè Tommaseo
Riva Tre Novembre, 5
34121 Trieste
www.caffetommaseo.com

Antico Caffè Torinese
Corso Italia 2
34121 Trieste

Caffè Urbanis
Via Teatro 4
34100 Trieste

Caffè Confetteria Abrate
Via Po, 10
10123 Torino

Caffè Al Bicerin
Piazza della Consolata 5
10122 Torino
www.bicerin.it

Caffè Elena
Piazza Vittorio Veneto 5
10124 Torino

Caffè Gelateria Fiorio
Via Pò, 8
10123 Torino

Caffè Mulassano
Piazza Castello, 15
10123 Torino
www.caffemulassano.com

Caffè San Carlo
Piazza San Carlo, 156
10121 Torino

Caffè Ristorante Torino
Piazza San Carlo, 204
10121 Torino
www.caffe-torino.it

Caffè Vergnano
Via Madame Cristina, 62
10125 Torino

Gran Caffè Chioggia
Piazza San Marco, 8-12
30124 Venezia

Caffè Florian
Piazza San Marco, 56
30124 Venezia
www.caffeflorian.com

Caffè Lavena
Piazza San Marco, 133/134
30124 Venezia
www.caffelavena.it

Gran Caffè Ristorante Quadri
Piazza San Marco 121
30124 Venezia
www.quadrivenice.com

Antico Caffè Dante
Piazza dei Signori, 2
37121 Verona
www.caffedante.it

Caffè Brasserie Filippini
Piazza delle Erbe, 26
37121 Verona
www.caffefilippini.it

Meneghina Antica Offeleria
Via Cavour, 18
36100 Vicenza

Niederlande

Grand Café-Restaurant 1e Klas
Stationsplein 15
1012 AB Amsterdam
www.restaurant1eklas.nl

Eden Amsterdam American Hotel
Grand Café Americain
Leidsekade 97
1017 PN Amsterdam
www.edenamsterdamamericanhotel.com

Café Dante
Spuistraat 320/1
1012VX Amsterdam

Café de Jaren
Nieuwe Doelenstraat 20–22
1012 CP Amsterdam
www.cafedejaren.nl

De Koffie Salon
Utrechtsestraat 130
1017VT Amsterdam
www.dekoffiesalon.nl

Royal Café De Kroon
Rembrandtplein 17–I
1017 CT Amsterdam
www.dekroon.nl

Dulac Grand Café
Haarlemmerstraat 118
1013 EX Amsterdam

Café Hoppe
Spui 18–20
1012 XA Amsterdam
www.cafe-hoppe.nl

Café Luxembourg
Spui 22–24
1012 XA Amsterdam

Café Oosterling
Utrechtsestraat 140
1017VT Amsterdam

Österreich

Café Promenade
Erzherzog Johann Allee 1
8010 Graz
www.cafepromenade.at

Café Traxlmayr
Promenade 16
4020 Linz
www.cafe-traxlmayr.at

Café Bazar
Schwarzstraße 3
5020 Salzburg
www.cafe-bazar.at

Café-Konditorei Schatz
Getreidegasse 3
5020 Salzburg

Café Tomaselli
Alter Markt 9
5020 Salzburg
www.tomaselli.at

Café im Kunsthistorischen Museum
Burgring 5
A-1010 Wien

Café Museum
Operngasse 7
1010 Wien
www.cafe-museum.at

Café Restaurant Bräunerhof
Stallburggasse 2
1010 Wien
www.braeunerhof.at

Café Central
Herrengasse 14
1010 Wien
www.palaisevents.at

K. u. K. Hofzuckerbäcker Ch. Demel's Söhne GmbH
Kohlmarkt 14
1010 Wien
www.demel.at

Café Frauenhuber
Himmerpfortgasse 6
1010 Wien
www.cafe-frauenhuber.at

Café Griensteidl
Michaelerplatz 2
1010 Wien
www.cafegriensteidl.at

Café Hawelka
Dorotheergasse 6
1010 Wien
www.hawelka.at

Kleines Café
Franziskaner Platz 3
1010 Wien

Café Landtmann
Dr. Karl Lueger-Ring 4
1010 Wien
www.landtmann.at

Café Schwarzenberg
Kärntner Ring 17
1010 Wien
www.cafe-schwarzenberg.at

Café Sperl
Gumpendorferstraße 11
1060 Wien
www.cafesperl.at

Café Tirolerhof
Führichgasse 8
1010 Wien

Polen

Café Camelot
Tomasza 17
31022 Kraków

Café Europejska
Kraków Rynek Glówny 35
31-011 Kraków
www.europejska.pl

Café Noworolski
Rynek Główny 1 Sukiennice
31-041 Kraków
www.noworolski.com.pl

Portugal

Café Santa Cruz
Praça 8 de Maio
3000-300 Coimbra
www.cafesantacruz.com

Café a Brasileira
Rua Garrett, 120
1200 - 001 Lisboa

Café Nicola
Praça Dom Pedro IV 24
1200 Sacramento, Lisboa

Café Versailles
Avenida República, 15A
1050-185 Lisboa
www.pastelariaversailles.com

Café Majestic
Rua Santa Catarina, 112
4000-442 Porto
www.cafemajestic.com

Schweiz

Café-Bar Odeon
Limmatquai 2
8001 Zürich
www.odeon.ch

Café-Conditorei Schober
Napfgasse 4
8001 Zürich
www.cafe-conditorei-schober.ch

Teecafé Schwarzenbach
Münstergasse 19
8001 Zürich
www.schwarzenbach.ch

Café Sprüngli
Bahnhofstrasse 21
8022 Zürich
www.spruengli.ch

Slowenien

Grand Hotela Union
Café Union
Miklosi eva 1
1000 Ljubljana
www.gh-union.si

Spanien

Cafè de l'Òpera
La Rambla, 74
08002 Barcelona
www.cafeoperabcn.com

Café Comercial
Glorieta de Bilbao 7
28004 Madrid

Café de Oriente
Plaza de Oriente, 2
28013 Madrid
www.cafedeoriente.es

Pabellon del Espejo
Paseo Recoletos 31
28004 Madrid
www.restauranteelespejo.com

Café Gijón
Paseo Recoletos 21
28004 Madrid
www.cafegijon.com

Tschechien

Měšťanská beseda
Kopeckého sady 13
301 00 Plzeň
www.mestanska-beseda.cz

Café de Paris
Maltézské náměstí 4
118 00 Praha
www.cafedeparis.cz

Café im Grand Hotel Europa
Václavské náměstí 25
110 00 Praha 1
www.evropahotel.cz

Café Louvre
Národní 22
110 00 Praha 1
www.cafelouvre.cz

Kavárna Obecní Dum
náměstí Republiky 5
110 00 Praha
www.vysehrad2000.cz

Grand Café Orient
Ovocný trh 19
110 00 Praha 1
www.grandcafeorient.cz

Café Slavia
Smetanovo náb eží 2
110 00 Praha 1
www.cafeslavia.cz

Ungarn

Central Café
Károlyi Mihály utca 9
1053 Budapest
www.centralkavehaz.hu

Café Gerbeaud
Vörösmarty Tér 7-8
1051 Budapest
www.gerbeaud.hu

Café New York
Erzsébet körút 9-11
1073 Budapest
www.boscolohotels.com

Fotografie: Marie Hamann

Adonis Malamos wurde 1964 in Elliniko im Nordwesten Griechenlands geboren, wo bereits sein Großvater Besitzer eines Cafés war, das später von seinem Vater übernommen wurde. Im Alter von 12 Jahren zog er nach Athen und begann mit 15 Jahren ausgiebig zu reisen, bevor er sich 1987 in Mannheim niederließ. Hier eröffnete er 1995 das „Café Riz", schließlich im Jahr 2002 das „Café Prag". Für das vorliegende Buch hat er drei Jahre lang immer wieder ausgedehnte Reisen in verschiedene Länder Europas unternommen. Den Anstoß hierzu gab ursprünglich seine Beschäftigung mit der Geschichte jenes Gebäudes in den Mannheimer Quadraten, in welchem sich heute sein eigenes Café befindet. Was anfänglich als eine Bildungsreise gedacht war, entwickelte sich nach intensiver Beschäftigung mit der europäischen Kaffeehauskultur zu einer Leidenschaft. Begonnen hat sein Projekt mit ersten Reisen nach Italien – mit der Zeit kamen auch andere Länder hinzu. Ihn interessieren nicht nur die Geschichte der jeweiligen Kaffeehäuser oder ihre architektonischen Merkmale. Sein Blick richtete sich auch auf die Besonderheiten der Inneneinrichtung, auf die Rituale des Personals und der Gäste sowie auf die noch heute anzutreffende, leider immer seltener werdende Pflege einer langen Tradition. Dabei war ihm wichtig, jene besonderen Cafés aufzusuchen, die sich jenseits der heute oft anzutreffenden flüchtigen Trends gegen den Zeitgeist des Massenkonsums behaupten.

Imre Török ist gebürtiger Ungar und kam als Jugendlicher nach Deutschland. Nach dem Erlernen der deutschen Sprache absolvierte er ein Studium der Germanistik, Geschichte und Philosophie in Tübingen, wo er Schüler von Ernst Bloch war. Imre Török ist Bundesvorsitzender des Verbands deutscher Schriftsteller (VS), Mitglied im P.E.N.-Zentrum Deutschlands und des ungarischen Schriftstellerverbands. Er hat als Dozent, Journalist und Leiter eines städtischen Theaters gearbeitet. Seit Langem ist er als freier Schriftsteller und Kultur-Arbeiter tätig.

ISBN: 978-3-89823-413-9

Konzept: Adonis Malamos & Sebastian Wipfler
Gestaltung: Marcus Bela Schmitt / Designgruppe Fanz und Neumayer
Lektorat: Diana May, Wolf Roth, Dr. Michael Barchet
Illustrationen: Wolfram Zeckai
Druck: abcdruck GmbH, Heidelberg
Buchbinderei: Josef Spinner Großbuchbinderei GmbH, Ottersweier

www.editionpanorama.com

A production by EDITION**PANORAMA**